판다언니의
작고 사랑스러운 프랑스 자수

판다언니의
작고 사랑스러운
프랑스 자수

—

2016년 8월 15일 1판 1쇄 발행
2018년 10월 15일 1판 3쇄 발행

—

지은이 박준영
펴낸이 이상훈
펴낸곳 책밥
주소 03986 서울시 마포구 동교로 23길 116 3층
전화 번호 070) 7882-2312
팩스 번호 02) 335-6702
홈페이지 www.bookisbab.co.kr
등록 2007.1.31. 제313-2007-126호

—

기획·진행 기획1팀 김난아
디자인 디자인허브 김지선
사진 촬영 박효정(jjicebaby@hanmail.net)

—

ISBN 979-11-86925-09-6 (13630)
정가 15,800원

책밥은 (주)오렌지페이퍼의 출판 브랜드입니다.

이 도서의 국립중앙도서관 출판예정도서목록(CIP)은 서지정보유통지원시스템 홈페이
지(http://seoji.nl.go.kr)와 국가자료공동목록시스템(http://www.nl.go.kr/kolisnet)에서
이용하실 수 있습니다. (CIP제어번호 : CIP2016017892)

판다언니의
작고 사랑스러운 프랑스 자수

PANDA'S EMBROIDERY

박준영 지음

책밥

취미로 자수를 시작하고 시간이 흐르면 나만의 이야기를 자수로 표현해 보고 싶다는 생각이 문득 들 때가 있습니다. 가령 사랑하는 사람들의 생일, 소중한 아기의 탄생, 행복한 결혼, 특별하고 즐거운 여행, 맛있는 음식과 같은 것들 말이지요. 이런 소소한 일상을 모아 열두 가지의 재미있는 이야기로 묶고, 아기자기하고 사랑스러운 도안으로 만들어 여러분과 함께 나누려 합니다.

작은 천에 여러분의 이야기를 오색실로 수놓아 보세요. 밋밋해 보이던 일상이 특별하게 다가올 것입니다.

《작고 사랑스러운 프랑스 자수》와 함께 수를 놓는 이 시간이 당신에게 또 하나의 행복한 일상, 선물이길 바랍니다.

박준영

차 례

기초 스티치 익히기

EMBROIDERY CLASS

이 책을 보는 방법

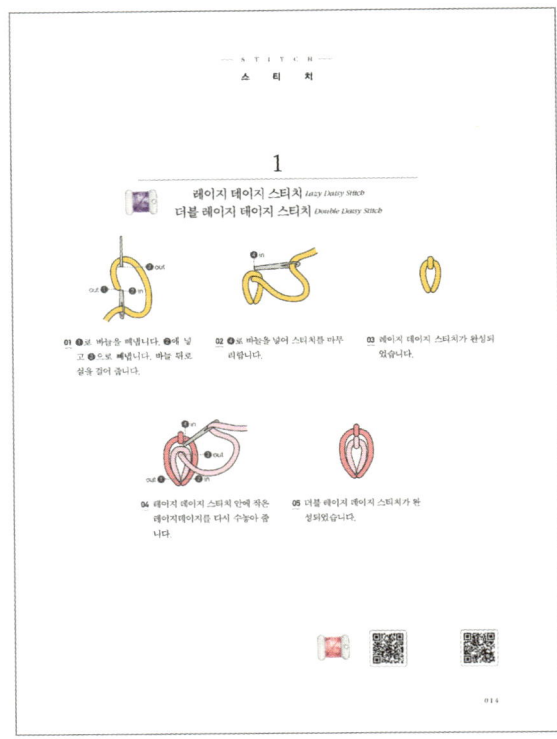

🟪 이 책에서 사용한 스티치입니다. 각각의 스티치 과정은 실과 바늘의 방향을 쉽게 알아볼 수 있는 일러스트로 표현하였습니다. 비슷한 스티치는 한 그룹으로 묶어 설명하였으므로 스티치 원리를 한눈에 파악할 수 있습니다.

🟥 저자가 직접 스티치 과정을 보여 주는 동영상 QR코드를 실었습니다. 스마트폰으로 QR코드를 스캔하면 동영상을 볼 수 있습니다.

🟪 독자의 편의를 고려하여 도안을 한꺼번에 싣지 않고 그룹으로 나누어 실었습니다. 본문에 실린 도안의 순서대로 수를 놓거나 마음에 드는 도안을 찾아 수를 놓으면 됩니다.

🟥 도안에 있는 ❶, ❷…와 같은 번호는 수를 놓는 순서입니다. 그 뒤에 있는 내용은 사용한 실과 스티치 정보를 나타냅니다. 예를 들어 '310(2), 백s'라고 표기되어 있다면, DMC 25번사 310번 실의 2올로 백 스티치를 수놓는다는 뜻입니다.

🟩 하단의 내용은 도안에 표기된 실과 스티치 정보를 자세히 풀어 쓴 것입니다. 화살표의 방향이 모호할 때 참고하면 좋습니다.

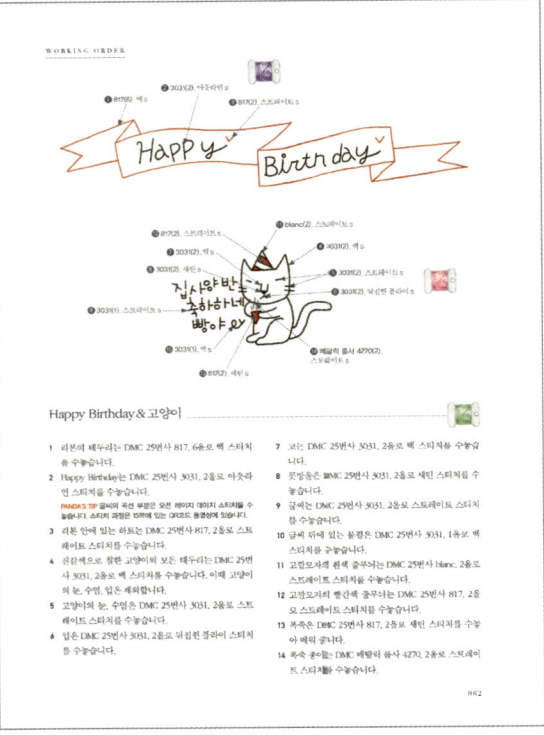

이 책을 보는 방법

완성된 자수 사진입니다. 수를 놓기 전 자수 사진을 먼저 보고 스티치, 실의 색상 등을 확인합니다. 그 후 수를 놓으면서 헷갈리는 지점이 있을 때 자수와 사진을 번갈아 보며 스티치 방향을 확인하고, 도안을 어느 정도 촘촘하게 메워야 하는지 비교해 봅니다.

이 책에서 사용한 원단입니다. 기호에 맞는 원단을 선택하여 사용해도 좋습니다.

이 책에서 사용한 DMC 25번사, DMC 4번사, 애플톤 울실 등 여러 가지 실의 번호와 색을 보여 줍니다. 실의 색상은 형광색이 빠진 인쇄용 색상(CMYK)이므로 실제 색과 다를 수 있습니다.

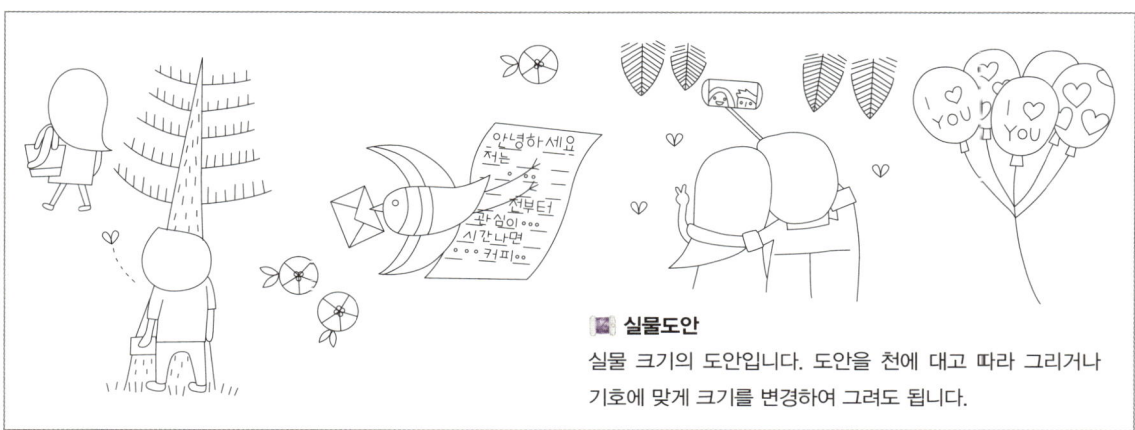

실물도안

실물 크기의 도안입니다. 도안을 천에 대고 따라 그리거나 기호에 맞게 크기를 변경하여 그려도 됩니다.

① 바늘

각각 다른 회사에서 출시한 자수용 바늘입니다. 왼쪽 케이스에는 끝이 뾰족하거나 뭉툭한 바늘이 사이즈별로 들어 있습니다. 그 외 작은 케이스에는 많이 사용하는 1가지 호수의 바늘이 여러 개 들어 있습니다. 이것은 여러 가지 실을 사용할 때 유용하게 쓰일 수 있습니다.

② 가위

원단을 자를 때 사용하는 가위입니다. 실을 자를 때는 쪽가위를 사용합니다.

③ 시침핀

특정 스티치를 수놓을 때 고정하거나 원단을 정리할 때 사용합니다.

④ 핀쿠션

작업 중 실이 걸려 있는 바늘을 임시로 보관할 때 사용합니다. 왼쪽에 있는 호박 핀쿠션을 만드는 방법은 34쪽에 있습니다.

준 비 물

❶ 재봉실

구터만 아플리케 실로 재봉할 때 사용하는 재봉실입니다.

❷ DMC 메탈릭 롤사

메탈처럼 반짝반짝한 색을 가진 실로 반짝임을 표현할 때 사용합니다.

❸ 애플톤 울실

애플톤 울실은 영국의 애플톤(Appletons wool)사에서 양모로 만든 실입니다. 이 실은 보송보송한 질감을 표현할 때 사용합니다.

❹ DMC 4번사

DMC 25번사와 비교할 때 약간 더 두꺼운 면사입니다.

❺ DMC 25번사

6올로 이루어진 면사로 필요에 따라서 올 수를 조정하여 사용합니다

❻ DMC 베리에이션사

한 타래에 여러 가지 색이 섞여 있는 실입니다.

❼ 비즈

시드 비즈로 볼륨감을 표현할 때 사용합니다.

❶ 수용성 수성펜
갈색, 파란색으로 도안을 그리고 물로 지울 수 있는 수성펜입니다.

❷ 프릭션 4색 볼펜
검정색으로 가는 선의 도안을 그릴 수 있는 펜입니다. 수성펜과 다르게 다리미 열로 지울 수 있습니다.

❸ Fanthom 0.5
파란색으로 가는 선의 도안을 그릴 수 있는 펜입니다. 수성펜과 다르게 다리미 열로 지울 수 있습니다.

❹ 수용성 수성펜
파란색으로 가는 선의 도안을 그리고 물토 지울 수 있는 수성펜입니다.

❺ 크로바 전사용 색연필
트레이싱 페이퍼에 도안을 그린 후 다리디 열을 가하여 천에 도안을 옮기는 펜입니다. 쉽게 지워지지 않지만 잉크가 희미하게 남습니다.

준 비 물

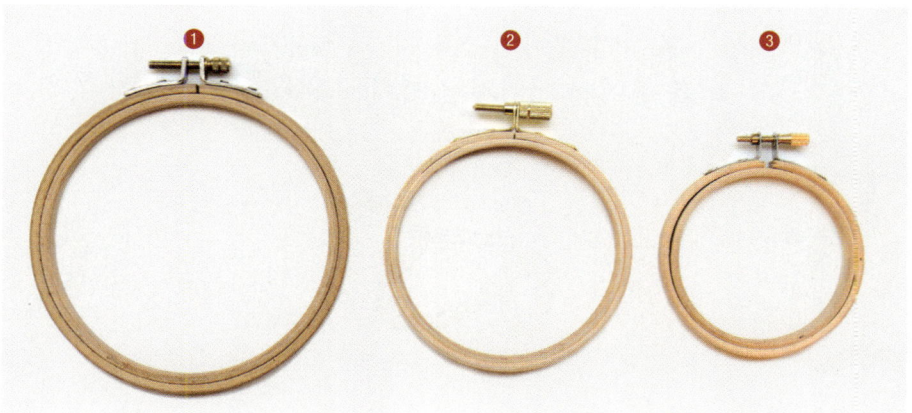

수틀에는 원목, 플라스틱, 고무 등으로 만든 다양한 종류가 있습니다. 도안 사이즈에 맞는 사이즈의 수틀을 골라 사용하기 바랍니다. ❶은 지름이 17cm인 수틀입니다. ❷는 지름이 10cm인 수틀입니다. ❸은 지름이 7cm인 수틀입니다.

이 책에서 사용된 11수 리넨 원단입니다. 기호에 맞는 컬러를 선택하여 사용하기 바랍니다.

1

레이지 데이지 스티치 *Lazy Daisy Stitch*
더블 레이지 데이지 스티치 *Double Daisy Stitch*

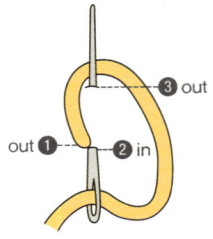

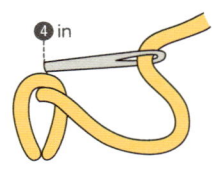

01 ❶로 바늘을 빼냅니다. ❷에 넣고 ❸으로 빼냅니다. 바늘 뒤로 실을 걸어 줍니다.

02 ❹로 바늘을 넣어 스티치를 마무리합니다.

03 레이지 데이지 스티치가 완성되었습니다.

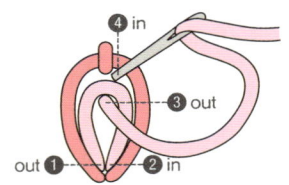

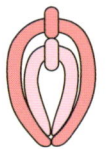

04 번호 순서대로 레이지 데이지 스티치 안에 작은 레이지데이지를 다시 수놓아 줍니다.

05 더블 레이지 데이지 스티치가 완성되었습니다.

2

오픈 레이지 데이지 스티치 *Open Lazy Daisy Stitch*

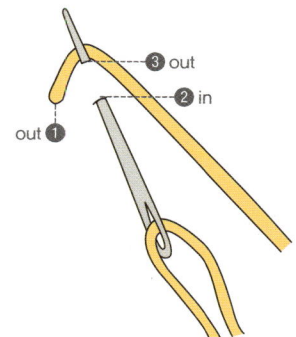

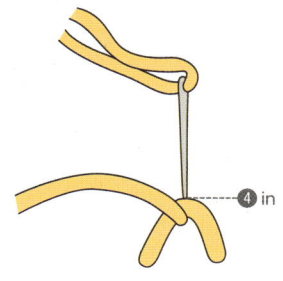

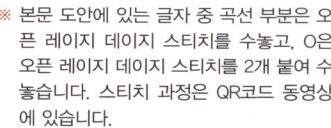

01 ❶로 바늘을 빼냅니다. ❷어 넣고 ❸으로 빼냅니다. 바늘 뒤로 실을 걸어 줍니다.

02 ❹로 바늘을 넣어 스티치를 마무리합니다.

※ 본문 도안에 있는 글자 중 곡선 부분은 오픈 레이지 데이지 스티치를 수놓고, O은 오픈 레이지 데이지 스티치를 2개 붙여 수놓습니다. 스티치 과정은 QR코드 동영상에 있습니다.

03 오픈 레이지 데이지 스티치가 완성되었습니다.

글자 스티치

3

러닝 스티치 *Running Stitch*

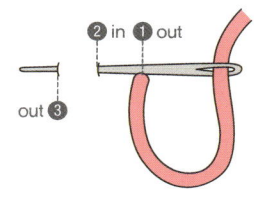

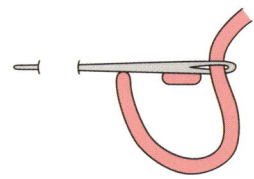

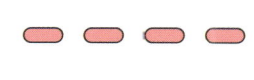

01 ❶로 바늘을 빼냅니다. ❷에 넣고 ❸으로 빼냅니다.

02 필요한 만큼 반복합니다.

03 러닝 스티치가 완성되었습니다.

4

레이즈드 리프 스티치 *Raised Leaf Stitch*

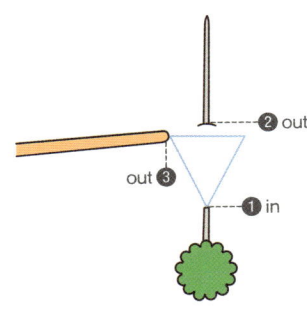

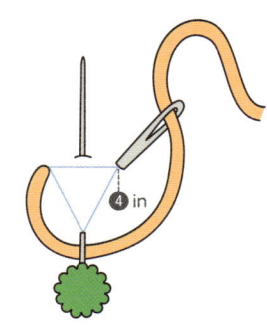

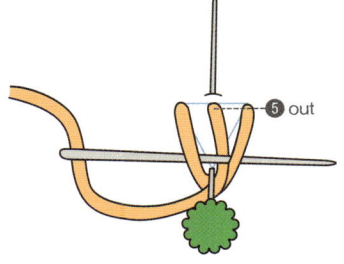

01 시침핀을 잎의 윗부분인 ❶에 넣고 밑변 중심에서 약간 떨어진 ❷로 빼냅니다. 바늘은 ❸으로 빼냅니다.

02 시침핀 뒤에 실을 걸어 준 후 바늘을 ❹에 넣습니다.

03 ❺로 바늘을 빼낸 후 시침핀 뒤에 실을 걸어 줍니다. 3줄의 실 중 바깥쪽에 있는 실에만 실을 걸고 잡아당깁니다.

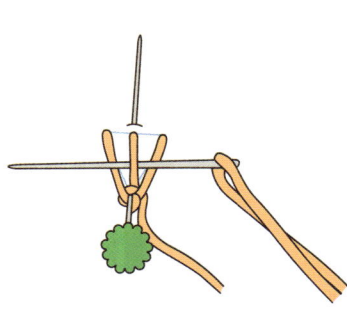

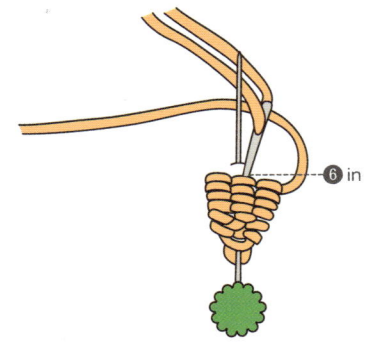

04 3줄의 실 중 가운데에 있는 실에만 실을 걸고 잡아당깁니다.

05 03~04번 과정을 반복하여 면적을 메워 줍니다. ❻으로 바늘을 넣어 마무리한 후 시침핀을 빼냅니다.

06 레이즈드 리프 스티치가 완성되었습니다.

5

롱 앤드 쇼트 스티치 *Long And Short Stitch*

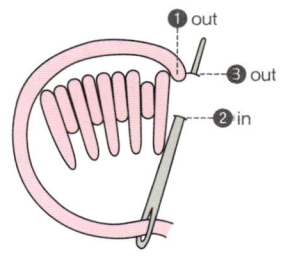 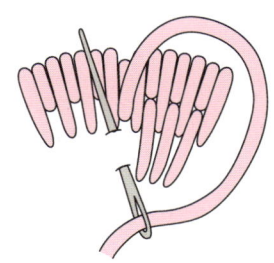 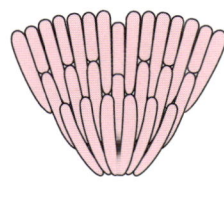

01 ❶로 바늘을 뺀 후 ❷에 넣어 줍니다. ❸으로 바늘을 빼냅니다. 같은 방법으로 롱땀(긴 땀)과 쇼트땀(짧은 땀)을 번갈아 가며 수를 놓아 줍니다.

02 쇼트땀 아래에 롱땀을 수놓아 줍니다.

03 롱 앤드 쇼트 스티치가 완성되었습니다.

6

버튼홀 스티치 *Button Hole Stitch*

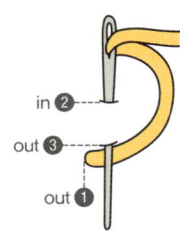 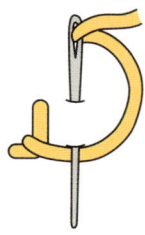 

01 ❶로 바늘을 빼냅니다. ❷에 바늘을 넣고 ❸으로 빼낸 후 잡아 당겨 줍니다. 이때 실은 바늘 뒤에 있어야 합니다.

02 필요한 만큼 반복합니다.

03 버튼홀 스티치가 완성되었습니다.

7

백 스티치 *Back Stitch*

휘프드 백 스티치 *Whipped Back Stitch*

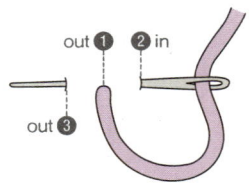 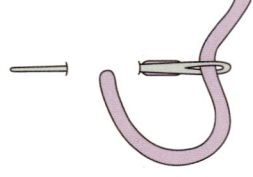 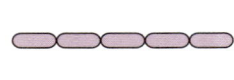

01 ❶로 바늘을 빼냅니다. ❷에 바늘을 넣고 ❸으로 빼냅니다.

02 필요한 만큼 반복하여 수놓습니다.

03 백 스티치가 완성되었습니다.

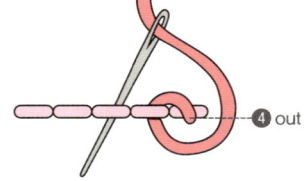 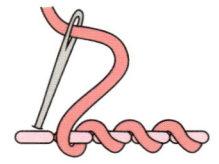

04 백 스티치 첫 번째 땀 아래쪽인 ❹로 바늘을 빼냅니다. 각각의 땀 위에서 아래로 바늘을 통과시킵니다. 또는 아래에서 위로 통과시켜도 좋습니다. 단, 방향을 정하면 계속 그 방향으로 진행해야 합니다.

05 휘프드 백 스티치가 완성되었습니다.

8

***

불리온 스티치 *Bullion Stitch*
불리온 로즈 스티치 *Bullion Rose Stitch*

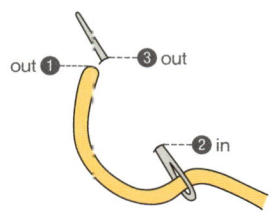

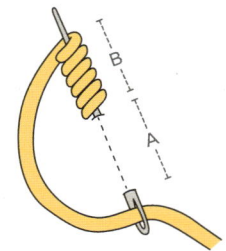

01 ❶로 바늘을 빼냅니다. ❷에 넣고 ❸으로 빼냅니다.

02 원단을 뜬 길이만큼(A) 실을 감아 줍니다(B). 감는 실이 풀리지 않도록 주의하며 바늘을 빼냅니다.

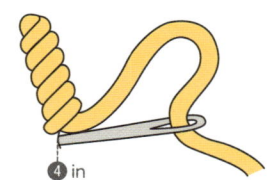

03 불리온 스티치가 완성되었습니다.

04 ❹로 바늘을 넣어 마무리합니다.

05 불리온 스티치를 장미 모양으로 겹겹이 수놓으면 불리온 로즈 스티치가 완성됩니다.

9

새틴 스티치 *Satin Stitch*

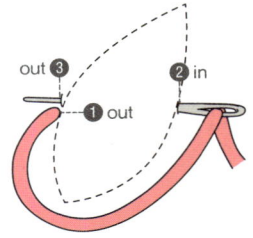

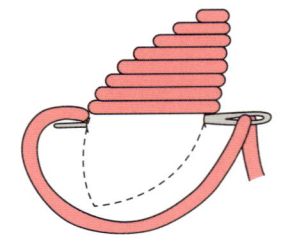

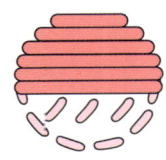

01 ❶로 바늘을 빼냅니다. ❷에 넣고 ❸으로 빼냅니다. 가운데부터 가장자리로 이동하며 면적을 메워 줍니다.

02 새틴 스티치가 완성되었습니다.

03 입체감 있는 새틴 스티치를 수놓으려면 테두리를 백 스티치로 수놓은 후 백 스티치를 감싸며 새틴 스티치를 수놓습니다. 또는 테두리를 수놓은 후 원하는 스티치로 면쪽을 메워 주고 그 후 백 스티치를 감싸며 새틴 스티치를 수놓습니다.

10

셰브론 스티치 *Chevron Stitch*

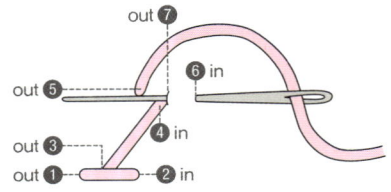

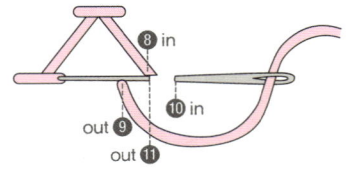

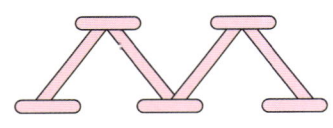

01 ❶로 바늘을 빼낸 후 ❷에 넣습니다. ❸으로 빼낸 후 ❹에 넣어 사선으로 올라가는 땀을 만들어 줍니다. ❺로 빼냅니다. ❻에 넣고 ❼로 빼냅니다.

02 ❽에 넣어 사선으로 내려가는 땀을 만들어 줍니다. ❾로 빼낸 후 ❿에 넣어 주고 ⓫로 빼냅니다. 이 과정을 반복 진행합니다.

03 셰브론 스티치가 완성되었습니다.

11

스트레이트 스티치 *Straight Stitch*

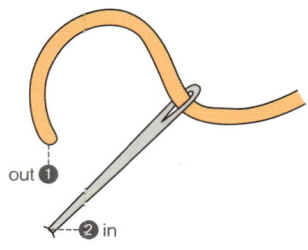
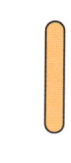

01 ❶로 바늘을 빼냅니다. 한 땀 정도 떨어진 ❷에 바늘을 넣어 줍니다.

02 스트레이트 스티치가 완성되었습니다.

12

스플릿 스티치 *Split Stitch*

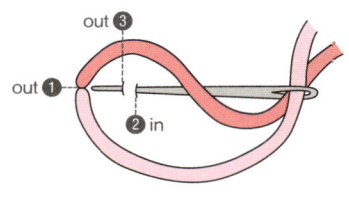
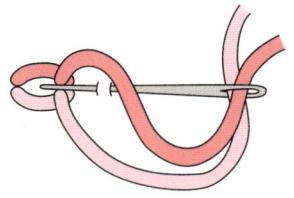
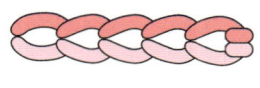

01 ❶로 바늘을 빼냅니다. ❷에 넣고 ❸으로 빼냅니다. 이때 바늘은 실 사이로 빼내야 합니다.

02 필요한 만큼 반복합니다.

03 스플릿 스티치가 완성되었습니다.

13

스파이더 웹 로즈 스티치 *Spider Web Rose Stitch*

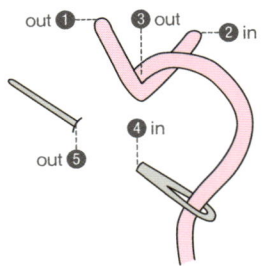

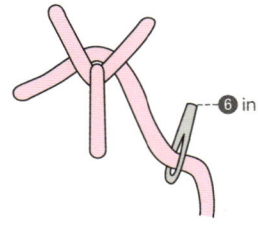

01 ❶로 바늘을 빼낸 후 ❷에 넣습니다. ❸으로 빼낸 후 ❹에 넣고 ❺로 빼냅니다.

02 그림과 같이 실을 스티치 아래르 통과시킨 후 ❻에 바늘을 넣으던 스파이더 웹 로즈 스티치 기둥을 만들 수 있습니다. 간단하게 스트레이트 스티치로 기둥을 만들어도 됩니다.

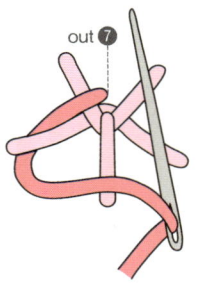

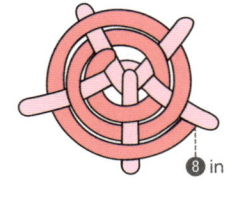

03 기둥과 기둥 사이인 ❼로 바늘을 빼낸 후 기둥을 1개씩 걸러 가며 실을 걸어 줍니다.

04 기둥이 보이지 않을 때까지 실을 감아 준 후 ❽에 바늘을 넣어 마무리합니다. 스파이더 웹 로즈 스티치가 완성되었습니다.

14

아웃라인 스티치 *Outline Stitch*

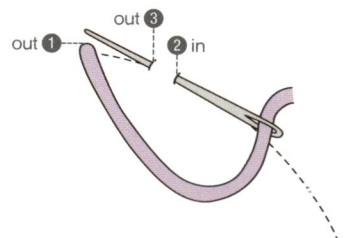 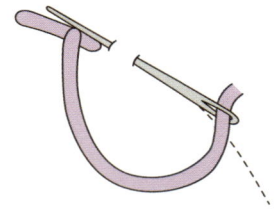 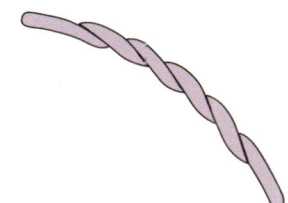

01 ❶로 바늘을 빼냅니다. ❷에 바늘을 넣고 ❸으로 다시 빼냅니다.

02 필요한 만큼 반복합니다.

03 아웃라인 스티치가 완성되었습니다.

15

오픈 휘프드 스파이더 웹 스티치 *Open Whipped Spider Web Stitch*

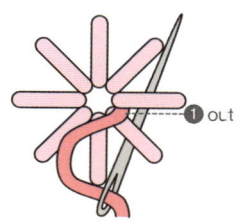 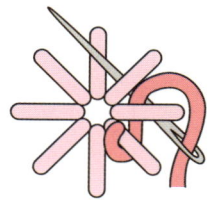 

01 스트레이트 스티치로 기둥을 8개 만들어 줍니다. 기둥과 기둥 사이인 ❶로 바늘을 빼냅니다. 진행 방향의 뒤쪽 기둥과 앞쪽 기둥을 동시에 통과하여 바늘을 걸어 줍니다.

02 기둥이 보이지 않을 때까지 반복합니다.

03 오픈 휘프드 스파이더 웹 스티치가 완성되었습니다.

16

저먼 노트 스티치 *German Knot Stitch*

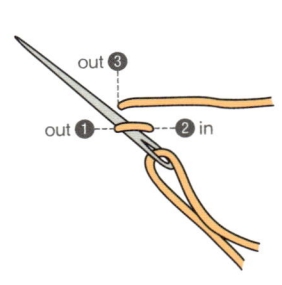
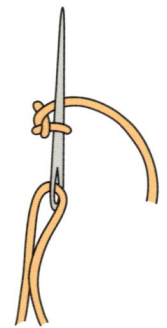

01 ❶로 바늘을 빼내고 ❷에 넣습니다. ❸으로 빼낸 후 땀 사이로 바늘을 통과시켜 왼쪽 위로 당겨 줍니다.

02 땀의 밑에서 위로 바늘을 통과시킵니다. 바늘 뒤로 실을 걸어 줍니다.

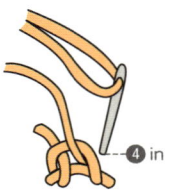

03 ❹에 바늘을 넣어 마무리합니다.

04 저먼 노트 스티치가 완성되었습니다.

17

체인 스티치 *Chain Stitch*
헤비 체인 스티치 *Heavy Chain Stitch*
휘프드 체인 스티치 *Whipped Chain Stitch*

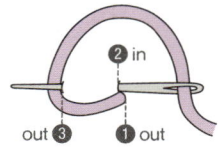

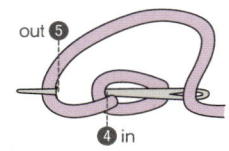

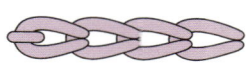

01 ①로 바늘을 빼냅니다. ②에 넣고 ③으로 다시 빼냅니다. 바늘 뒤로 실을 걸어 준 후 당깁니다.

02 바늘을 다시 ④에 넣고 ⑤로 빼냅니다. 바늘 뒤로 실을 걸어 준 후 당깁니다.

03 체인 스티치가 완성되었습니다.

PANDA'S TIP 체인 스티치를 지그재그로 수놓으면 지그재그 체인 스티치가 됩니다. 지그재그 체인 스티치를 수놓는 과정은 QR코드 동영상에 있습니다.

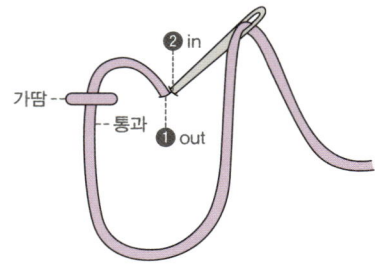

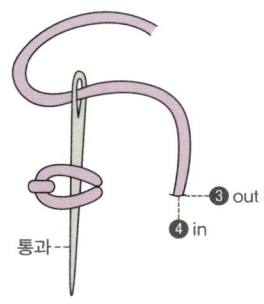

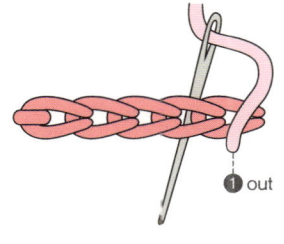

04 헤비 체인 스티치를 수놓겠습니다. 가땀을 수놓은 후 한 땀 정도 떨어진 ①로 바늘을 빼냅니다. 가땀에 바늘을 통과시킨 후 ②에 넣습니다.

05 다시 한 땀 정도 떨어진 ③으로 바늘을 빼냅니다. 체인 스티치에 바늘을 통과시킨 후 ④에 넣습니다. 헤비 체인 스티치가 완성되었습니다.

06 휘프드 체인 스티치는 체인 스티치를 휘감는 스티치입니다. ①로 바늘을 빼냅니다. 각각의 체인에 위에서 아래로 바늘을 통과시킵니다. 또는 아래에서 위로 진행해도 좋습니다. 단, 방향을 정하면 계속 그 방향으로 진행해야 합니다.

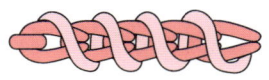

07 휘프드 체인 스티치가 완성되었습니다.

18

체커드 체인 스티치 *Chequered Chain Stitch*

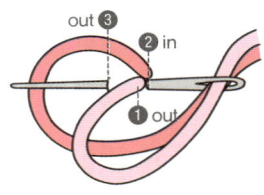 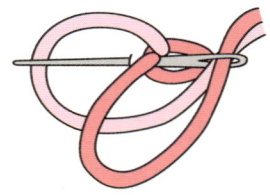 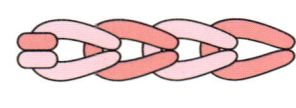

01 2가지 색상의 실을 준비합니다. ❶로 바늘을 빼고 ❷에 다시 넣습니다. ❸으로 빼냅니다. 이때 바늘 뒤로 1가지 색상의 실을 걸어 준 후 잡아당겨야 합니다.

02 바늘 뒤로 걸어 주는 실의 색상을 번갈아 가며 반복 진행합니다.

03 체커드 체인이 완성되었습니다.

19

케이블 체인 스티치 *Cable Chain Stitch*

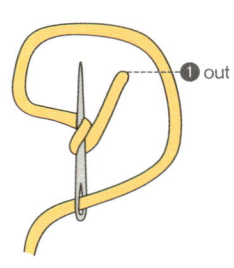 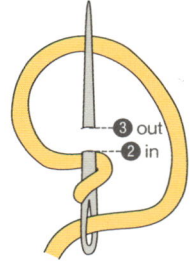 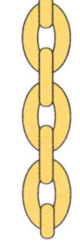

01 ❶로 바늘을 빼냅니다. 바늘에 실을 한 번 감아 줍니다.

02 ❷에 넣고 ❸으로 빼냅니다. 이때 실을 바늘 뒤로 걸어 줍니다.

03 케이블 체인 스티치가 완성되었습니다.

20

카우칭 스티치 *Couching Stitch*

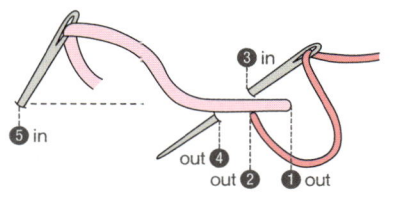

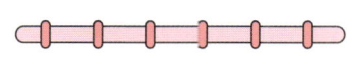

01 밑실을 꿴 바늘, 윗실을 꿴 바늘을 각각 준비합니다. 밑실을 꿴 바늘을 ❶로 빼냅니다. 이번에는 윗실을 꿴 바늘을 ❷로 빼낸 후 ❸에 넣고 ❹로 빼내어 한 땀 간격으로 밑실을 고정시킵니다. 원하는 만큼 반복하여 밑실을 고정 시킵니다. 한 땀 정도의 길이가 남았을 때 윗실을 빼내어 원단 아래에서 매 듭짓습니다. 마지막으로 도안 끝인 ❺에 밑실을 꿴 바늘을 넣습니다.

02 카우칭 스티치가 완성되었습니다.

21

코럴 스티치 *Coral Stitch*

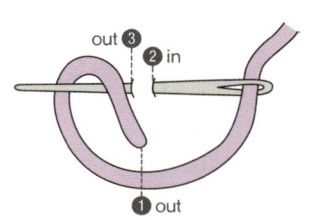

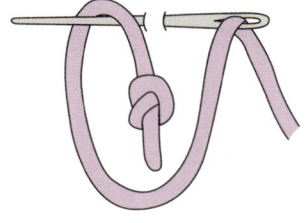

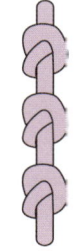

01 ❶로 바늘을 빼낸 후 ❷에 넣습 니다. 다시 ❸으로 바늘을 빼냅 니다. 이때 실을 바늘 앞에서 뒤 로 걸어 준 후 잡아당깁니다.

02 필요한 만큼 반복합니다.

03 코럴 스티치가 완성되었습니다.

22

크로스 스티치 Cross Stitch

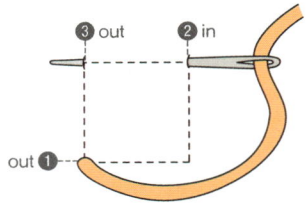 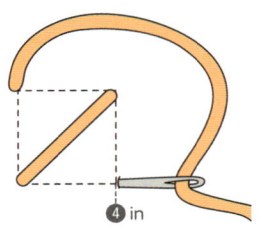 

01 ❶로 바늘을 빼낸 후 ❷에 넣어 사선땀을 만들어 줍니다. 다시 ❸으로 바늘을 빼냅니다.

02 반대편인 ❹로 바늘을 넣어 사선 땀을 엇갈린 모양으로 수놓아 줍니다.

03 크로스 스티치가 완성되었습니다.

23

터키 스티치 Turkey Stitch

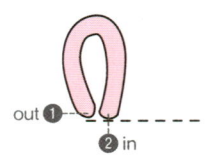 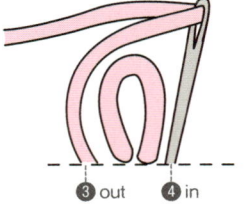 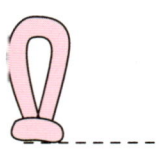

01 ❶로 바늘을 빼내고 ❷에 넣어 고리 형태가 남을 때까지만 잡아 당깁니다.

02 ❸으로 바늘을 빼내고 ❹에 넣어 마무리합니다.

03 터키 스티치가 완성되었습니다.

24

플라이 스티치 *Fly Stitch*

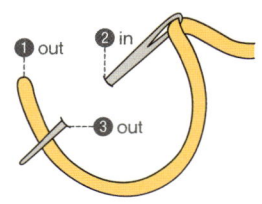 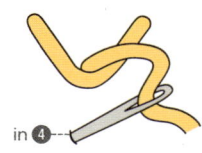 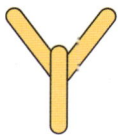

<u>01</u> ❶로 바늘을 빼냅니다. ❷에 바늘을 넣고 ❸으로 빼냅니다. 이때 실은 바늘 뒤로 보내고 잡아당겨 줍니다.

<u>02</u> ❹에 바늘을 넣어 스티치를 고정시킵니다.

<u>03</u> 플라이 스티치가 완성되었습니다.

25

페더 스티치 *Feather Stitch*

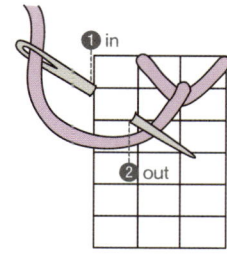 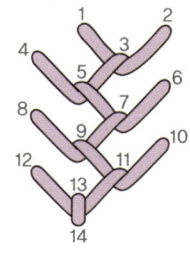

<u>01</u> 플라이 스티치를 수놓되 마지막 땀은 그림과 같이 ❶에 넣은 후 ❷로 빼냅니다. 이때 바늘 뒤로 실을 걸어 준 후 잡아당겨 줍니다.

<u>02</u> 왼쪽, 오른쪽으로 방향을 바꾸어 반복 진행합니다. 페더 스티치가 완성되었습니다. 더블 페더 스티치는 QR코드 동영상에 있습니다.

26

페키니즈 스티치 *Pekinese Stitch*

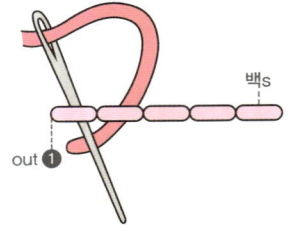 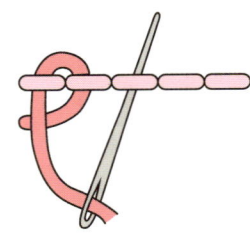 

01 백 스티치를 원하는 만큼 수놓습니다. 바늘을 ❶로 빼냅니다. 바늘을 두 번째 땀 아래에서 위로 통과시킨 후 첫 번째 땀 위에서 아래로 돌아오게 만들어 줍니다. 이때 바늘이 실보다 위에 있어야 합니다.

02 바늘을 세 번째 땀 아래에서 위로 통과시킨 후 두 번째 땀 위에서 아래로 통과시켜 돌아오게 만들어 줍니다.

03 같은 방법으로 진행합니다. ❷에 바늘을 넣어 마무리합니다. 페키니즈 스티치가 완성되었습니다.

27

프렌치 노트 스티치 *French Knot Stitch*

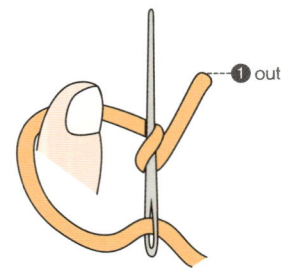 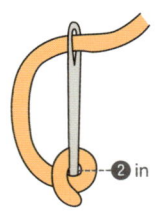 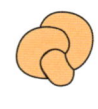

01 ❶로 바늘을 빼냅니다. 바늘에 실을 감아 줍니다. 실을 감는 횟수에 따라 노트(Knot)의 크기가 달라집니다.

02 ❷에 바늘을 넣고 실을 당겨 준 후 바늘을 원단 아래쪽에서 잡아 당겨 빼냅니다.

03 프렌치 노트 스티치가 완성되었습니다.

태슬 만들기

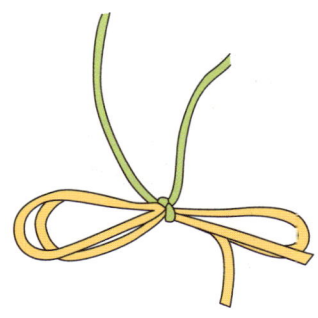

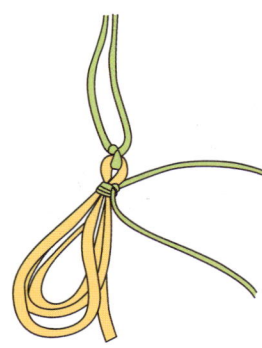

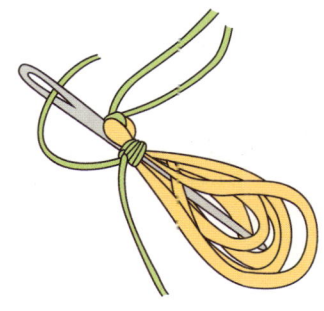

<u>01</u> 20cm 실을 준비합니다. 실을 모
아 반으로 두 번 접은 후 중간 부
분을 다른 실로 2번 감아 묶어
줍니다.

PANDA'S TIP 여기에서 노란색 실은 DMC
25번사 3822, 6올, 연두색 실은 DMC 25
번사 989, 4올을 사용했습니다.

<u>02</u> 태슬의 머리 부분을 4mm 정도
남기고 연두색 실로 5번 감아 묶
어 줍니다.

<u>03</u> 태슬의 머리 부분을 묶은 실을
한 쪽씩 바늘에 꿰어 안으로 밀
어 넣습니다.

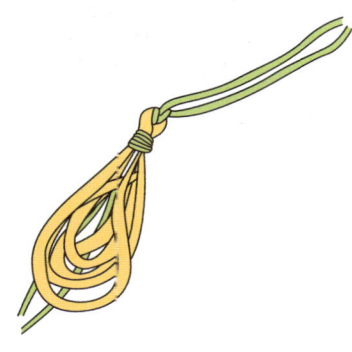

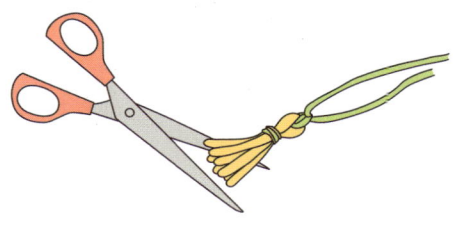

<u>04</u> 실이 안쪽으로 들어간 모습입
니다.

<u>05</u> 가위로 태슬을 잘라 정리합니
다. 안쪽으로 넣은 연두색 실은
노란색 실보다 짧게 잘라 정리
합니다.

태슬 붙이기

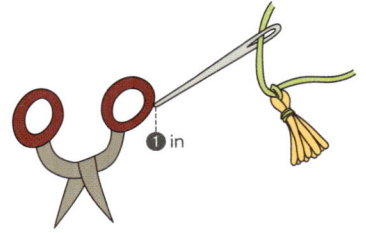

01 태슬 윗부분에 남겨둔 실 1가닥을 바늘에 꿰고 ❶에 넣어 줍니다.

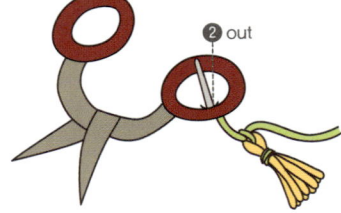

02 ❷로 바늘을 빼냅니다.

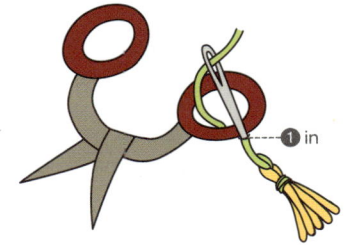

03 처음 바늘을 넣은 ❶로 다시 바늘을 넣은 후 매듭을 짓습니다.

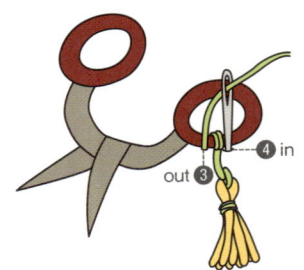

04 나머지 실 1가닥도 같은 방법으로 진행합니다. 바늘을 ❸으로 빼낸 후 ❹에 넣어 스트레이트 스티치를 수놓아 마무리합니다.

05 태슬을 붙인 모습입니다.

꽃 만들기

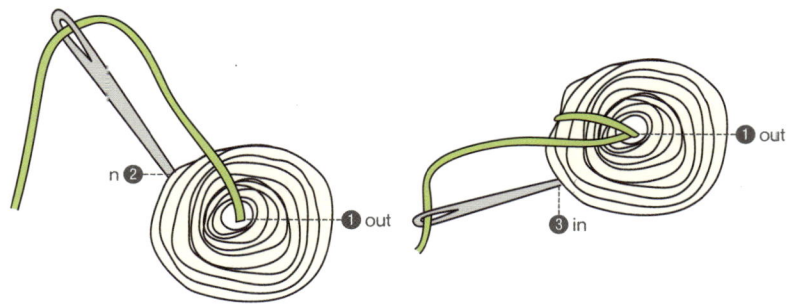

01 스파이더 웹 스티치로 꽃을 수 놓습니다. 꽃의 중앙인 ❶로 바늘을 빼냅니다. 스파이더 웹 스티치의 기둥과 기둥 사이인 ❷로 바늘을 넣은 후 잡아당깁니다. 이때 바늘은 가장자리가 아닌 꽃의 중심에 가까운 곳까지 바늘을 넣은 후 잡아당겨야 합니다.

02 꽃의 중앙인 ❶로 다시 바늘을 빼낸 후 기둥과 기둥 사이인 ❸에 넣습니다. 당기는 힘 때문에 스파이더 웹 로즈 스티치가 곡선으로 바뀝니다.

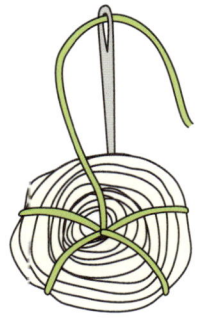

03 같은 방법으로 반복 진행하여 총 5개의 기둥을 만들어 줍니다.

04 스파이더 웹 로즈 변형 꽃이 완성되었습니다.

핀 쿠 션

핀 쿠션 만들기

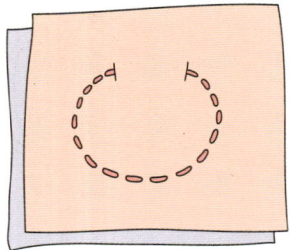

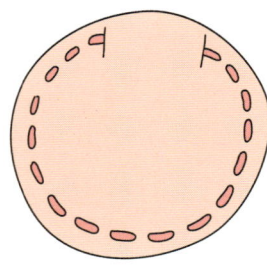

01 앞면으로 사용할 원단과 뒷면 원단을 겉면이 마주보도록 놓습니다. 창구멍을 2.5cm 정도 남기고 나머지는 백 스티치를 수 놓습니다.

02 바느질 선에서 5mm 정도 간격을 두고 원단을 자릅니다.

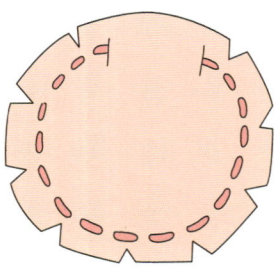

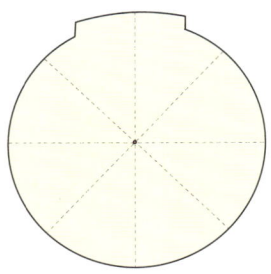

03 핀쿠션 모양이 예쁘게 나올 수 있도록 1cm 간격으로 가위집을 냅니다.

04 창구멍으로 원단을 뒤집어 줍니다.

핀 쿠 션

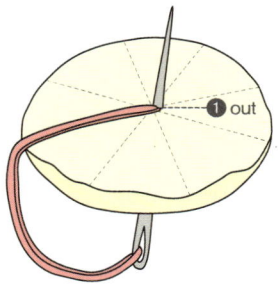

05 창구멍으로 솜을 넣은 후 공그리
기로 마무리합니다.

06 핀쿠션 아래쪽 중앙에 바늘을 넣
은 후 위쪽 중앙인 ❶로 빼냅니
다. 가이드선에 실이 올라오도록
위치를 잡고 다시 핀쿠션 아래쪽
중앙에서 위쪽 중앙으로 바늘을
빼냅니다.

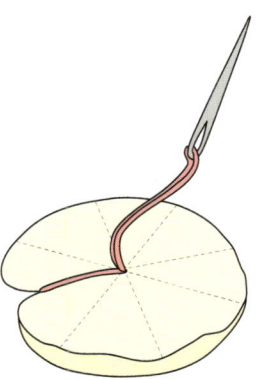

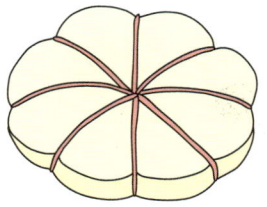

07 가이드 선에 실이 올라간 모습입
니다. 같은 방법으로 총 7개 가
이드선어 실을 올립니다.

08 남은 실은 매듭을 지어 고정시켜
줍니다.

연애할까요?

PREPARATION

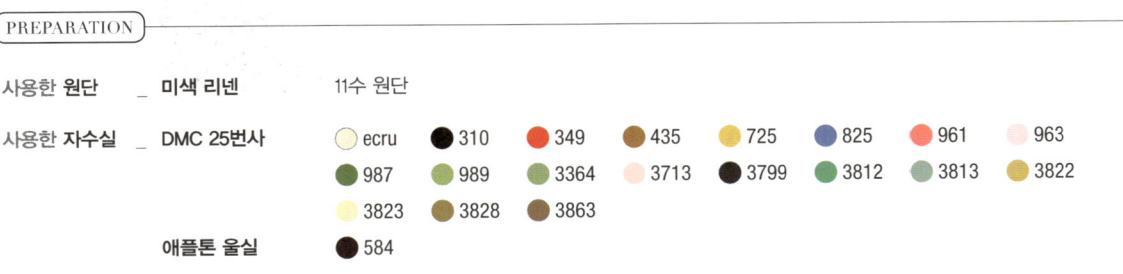

사용한 **원단** _	**미색 리넨**	11수 원단				
사용한 **자수실** _	DMC 25번사	⦿ ecru	⬤ 310	⬤ 349	⬤ 435	⬤ 725	⬤ 825	⬤ 961	⬤ 963

DMC 25번사 색상:

⦿ ecru	⬤ 310	⬤ 349	⬤ 435	⬤ 725	⬤ 825	⬤ 961	⬤ 963
⬤ 987	⬤ 989	⬤ 3364	⬤ 3713	⬤ 3799	⬤ 3812	⬤ 3813	⬤ 3822
⬤ 3823	⬤ 3828	⬤ 3863					

애플톤 울실   ⬤ 584

❹ 435(2), 아웃라인 s

❺ 435(2), 롱 앤드 쇼트 s

❷ 349(2), 새틴 s

❸ ecru(2), 새틴 s

❶ 310(2), 아웃라인 s

❻ 3823(2), 새틴 s

❼ 725(2), 새틴 s

❾ 310(2), 349(2),
더블 레이지 데이지 s

❽ 310(2), 러닝 s

그 여자&하트

1 검은색으로 칠한 모든 테두리는 DMC 25번사 310, 2
  올로 아웃라인 스티치를 수놓습니다.

2 가방끈, 가방 바닥은 DMC 25번사 349, 2올로 새틴 스
  티치를 수놓아 메워 줍니다.

3 가방은 DMC 25번사 ecru, 2올로 새틴 스티치를 수놓
  아 메워 줍니다.

4 머리카락 테두리는 DMC 25번사 435, 2올로 아웃라
  인 스티치를 수놓습니다.

5 머리카락은 DMC 25번사 435, 2올로 롱 앤드 쇼트 스
  티치를 수놓아 메워 줍니다.

6 원피스는 DMC 25번사 3823, 2올로 새틴 스티치를 수
  놓아 메워 줍니다.

7 신발은 DMC 25번사 725, 2올로 새틴 스티치를 수놓
  아 메워 줍니다.

8 하트 끝에 있는 점선은 DMC 25번사 310, 2올로 러닝
  스티치를 수놓습니다.

9 하트는 더블 레이지 데이지로 수놓습니다. 이때 바
  깥쪽은 DMC 25번사 310, 2올, 안쪽은 DMC 25번사
  349, 2올로 수놓습니다.

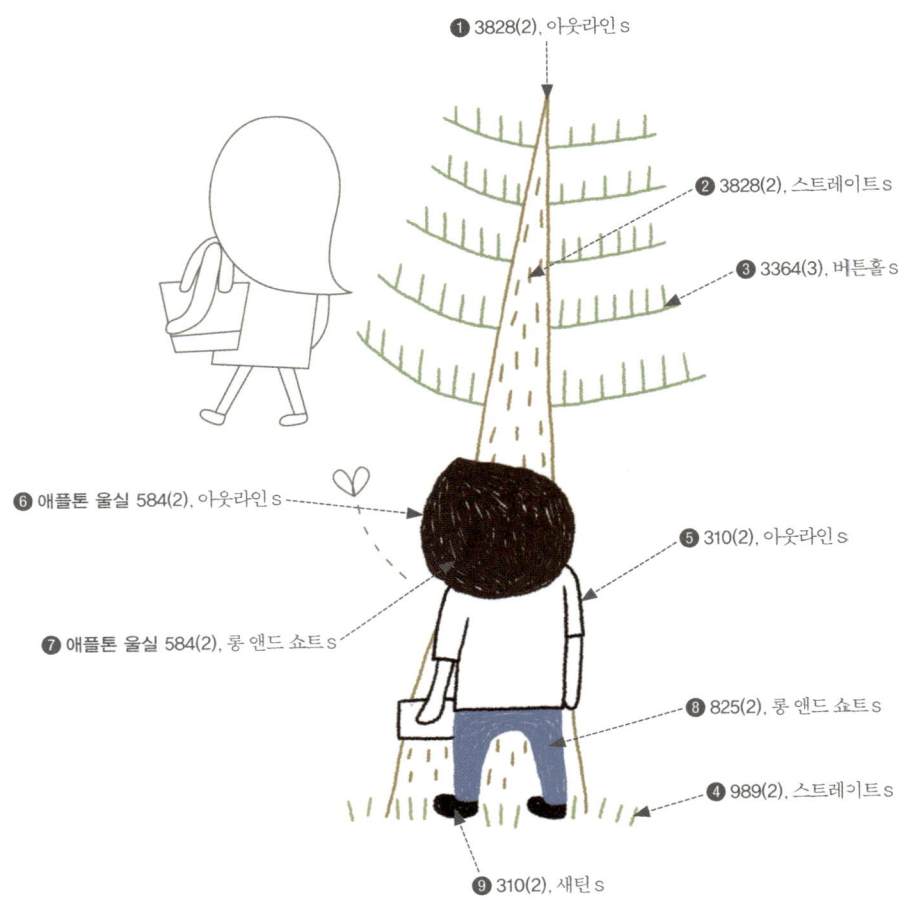

❶ 3828(2), 아웃라인 s

❷ 3828(2), 스트레이트 s

❸ 3364(3), 버튼홀 s

❻ 애플톤 울실 584(2), 아웃라인 s

❺ 310(2), 아웃라인 s

❼ 애플톤 울실 584(2), 롱 앤드 쇼트 s

❽ 825(2), 롱 앤드 쇼트 s

❹ 989(2), 스트레이트 s

❾ 310(2), 새틴 s

그 남자&나무

1 나무 기둥의 테두리는 DMC 25번사 3828, 2올로 아웃라인 스티치를 수놓습니다.

2 나무 기둥의 껍질은 DMC 25번사 3828, 2올로 스트레이트 스티치를 수놓습니다.

3 나뭇잎은 DMC 25번사 3364, 3올로 버튼홀 스티치를 수놓습니다.

4 잔디는 DMC 25번사 989, 2올로 스트레이트 스티치를 수놓습니다.

5 신발을 포함한 검은색으로 칠한 모든 테두리는 DMC 25번사 310, 2올로 아웃라인 스티치를 수놓습니다. 이때 머리는 수놓지 않습니다.

6 머리카락 테두리는 애플톤 울실 584, 2올로 아웃라인 스티치를 수놓습니다.

7 머리카락은 애플톤 울실 584, 2올로 롱 앤드 쇼트 스티치를 수놓아 메워 줍니다.

8 바지는 DMC 25번사 825, 2올로 롱 앤드 쇼트 스티치를 수놓아 메워 줍니다.

9 신발은 DMC 25번사 310, 2올로 새틴 스티치를 수놓아 메워 줍니다.

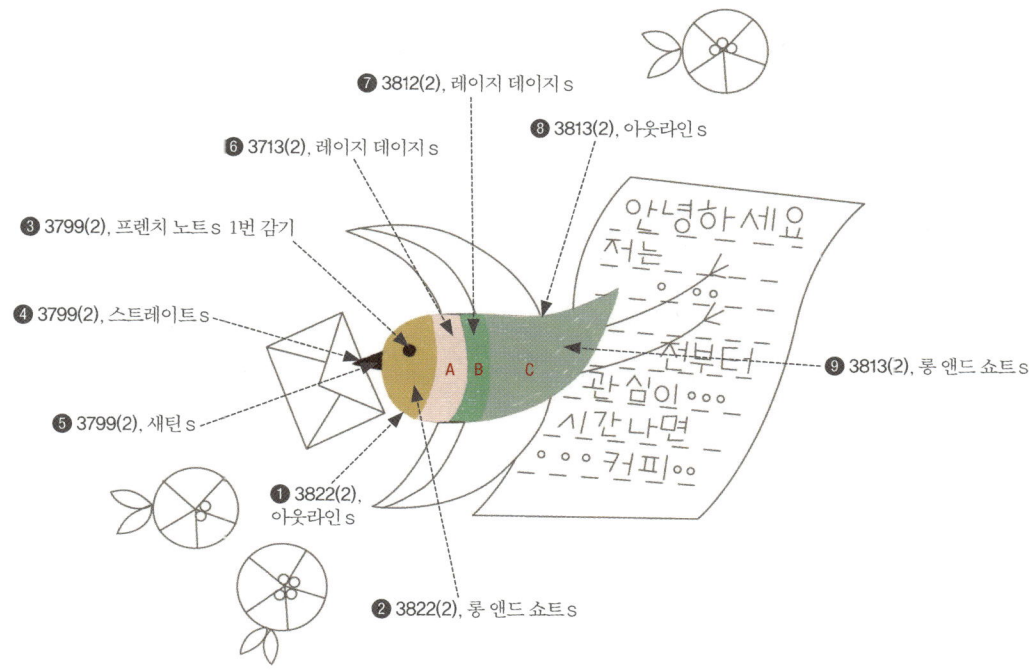

❼ 3812(2), 레이지 데이지 s

❽ 3813(2), 아웃라인 s

❻ 3713(2), 레이지 데이지 s

❸ 3799(2), 프렌치 노트 s 1번 감기

❹ 3799(2), 스트레이트 s

❾ 3813(2), 롱 앤드 쇼트 s

❺ 3799(2), 새틴 s

❶ 3822(2), 아웃라인 s

❷ 3822(2), 롱 앤드 쇼트 s

새 몸통

1 새 머리의 테두리는 DMC 25번사 3822, 2올로 아웃라인 스티치를 수놓습니다.

2 새 머리는 DMC 25번사 3822, 2올로 롱 앤드 쇼트 스티치를 수놓아 메워 줍니다.

3 눈은 DMC 25번사 3799, 2올로 프렌치 노트 스티치 1번 감기하여 수놓습니다.

4 부리의 테두리는 DMC 25번사 3799, 2올로 스트레이트 스티치를 수놓습니다.

5 부리는 DMC 25번사 3799, 2올로 새틴 스티치를 수놓아 메워 줍니다.

6 A 몸통은 DMC 25번사 3713, 2올로 레이지 데이지 스티치를 1줄 수놓습니다.

7 B 몸통은 DMC 25번사 3812, 2올로 레이지 데이지 스티치를 1줄 수놓습니다.

8 C 몸통의 테두리는 DMC 25번사 3813, 2올로 아웃라인 스티치를 수놓습니다.

9 C 몸통은 DMC 25번사 3813, 2올로 롱 앤드 쇼트 스티치를 수놓아 메워 줍니다.

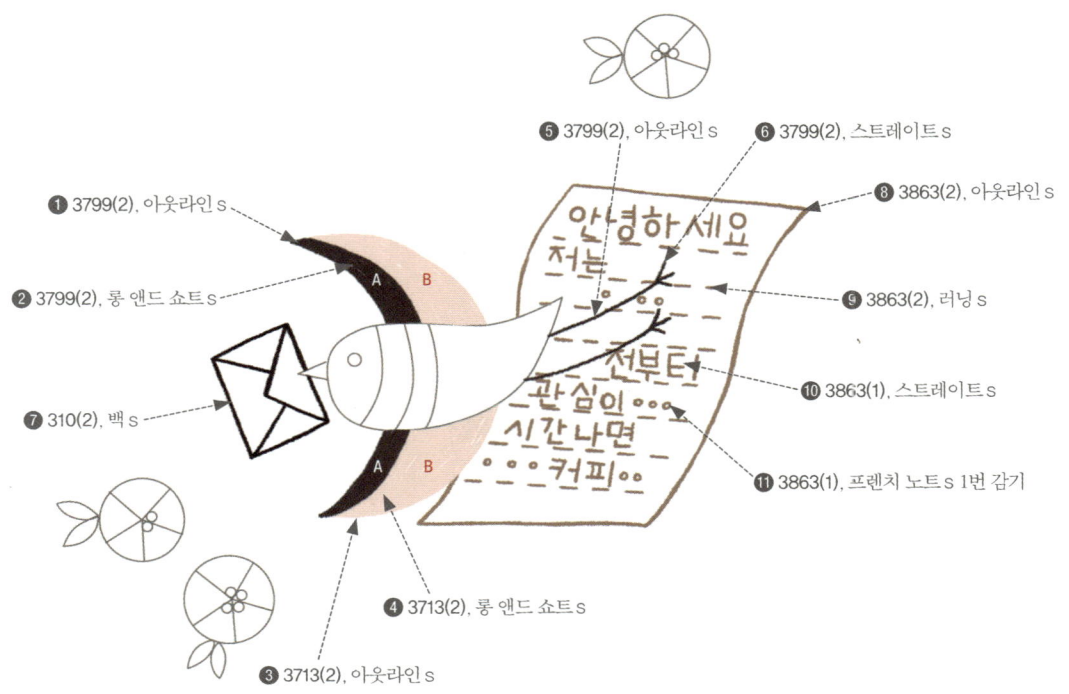

❺ 3799(2), 아웃라인 s ❻ 3799(2), 스트레이트 s

❽ 3863(2), 아웃라인 s

❶ 3799(2), 아웃라인 s

❷ 3799(2), 롱 앤드 쇼트 s

❾ 3863(2), 러닝 s

❿ 3863(1), 스트레이트 s

❼ 310(2), 백 s

⓫ 3863(1), 프렌치 노트 s 1번 감기

❹ 3713(2), 롱 앤드 쇼트 s

❸ 3713(2), 아웃라인 s

새 날개&편지

1 A 날개의 테두리는 DMC 25번사 3799, 2올로 아웃라인 스티치를 수놓습니다.

2 A 날개는 DMC 25번사 3799, 2올로 롱 앤드 쇼트 스티치를 수놓아 메워 줍니다.

3 B 날개의 테두리는 DMC 25번사 3713, 2올로 아웃라인 스티치를 수놓습니다.

4 B 날개는 DMC 25번사 3713, 2올로 롱 앤드 쇼트 스티치를 수놓아 메워 줍니다.

5 다리는 DMC 25번사 3799, 2올로 아웃라인 스티치를 수놓습니다.

6 발가락은 DMC 25번사 3799, 2올로 스트레이트 스티치를 수놓습니다.

7 새가 물고 있는 편지 봉투는 DMC 25번사 310, 2올로 백 스티치를 수놓습니다.

8 편지지의 테두리는 DMC 25번사 3863, 2올로 아웃라인 스티치를 수놓습니다.

9 편지지의 줄은 DMC 25번사 3863, 2올로 러닝 스티치를 수놓습니다.

10 글자는 DMC 25번사 3863, 1올로 스트레이트 스티치를 수놓습니다.

PANDA'S TIP 글자의 ㅇ은 오픈 레이지 데이지 스티치를 2개 붙여 수놓습니다. 스티치 과정은 15쪽, QR코드 동영상에 있습니다.

11 말줄임표는 3863, 2올로 프렌치 노트 스티치 1번 감기하여 수놓습니다.

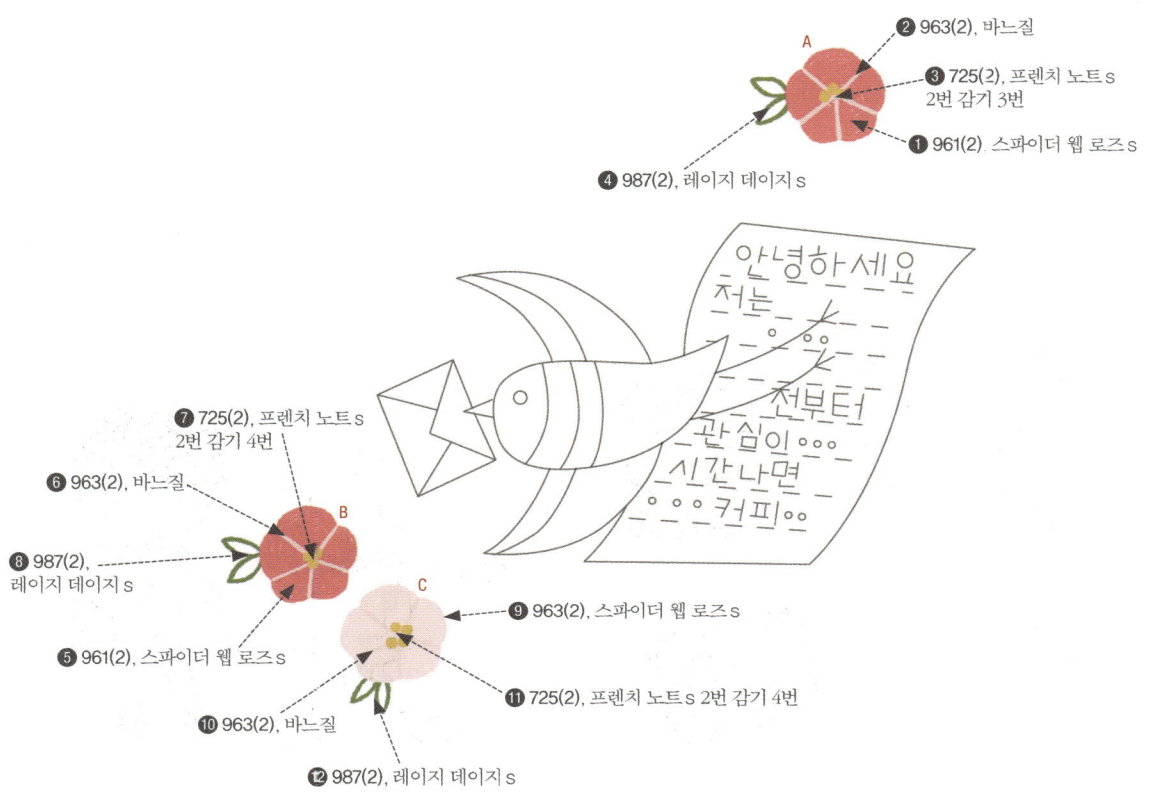

❷ 963(2), 바느질

❸ 725(2), 프렌치 노트 s
2번 감기 3번

❶ 961(2) 스파이더 웹 로즈 s

❹ 987(2), 레이지 데이지 s

❼ 725(2), 프렌치 노트 s
2번 감기 4번

❻ 963(2), 바느질

❽ 987(2),
레이지 데이지 s

❺ 961(2), 스파이더 웹 로즈 s

❾ 963(2), 스파이더 웹 로즈 s

⓫ 725(2), 프렌치 노트 s 2번 감기 4번

❿ 963(2), 바느질

⓬ 987(2), 레이지 데이지 s

꽃

1 A 꽃은 DMC 25번사 961, 2올로 스파이더 웹 로즈 스
   티치를 수놓습니다.

2 33쪽을 참고하여 DMC 25번사 963, 2올로 꽃잎 모양
   을 만들어 줍니다.

3 수술은 DMC 25번사 725, 2올로 프렌치 노트 스티치
   2번 감기하여 3개를 수놓습니다.

4 잎은 DMC 25번사 987, 2올토 레이지 데이지 스티치
   를 수놓습니다.

5 B 꽃은 DMC 25번사 961, 2올로 스파이더 웹 로즈 스
   티치를 수놓습니다.

6 33쪽을 참고하여 DMC 25번사 963, 2올로 꽃잎 모양
   을 만듭니다.

7 수술은 DMC 25번사 725, 2올로 프렌치 노트 스티치
   2번 감기하여 4개를 수놓습니다.

8 잎은 DMC 25번사 987, 2올로 레이지 데이지 스티치
   를 수놓습니다.

9 C 꽃은 DMC 25번사 963, 2올로 스파이더 웹 로즈 스
   티치를 수놓습니다.

10 33쪽을 참고하여 DMC 25번사 963, 2올로 꽃잎 모양
   을 만듭니다.

11 수술은 DMC 25번사 725, 2올로 프렌치 노트 스티치
   2번 감기하여 4개를 수놓습니다.

12 잎은 DMC 25번사 987, 2올로 레이지 데이지 스티치
   를 수놓습니다.

PREPARATION

사용한 **원단** _	**미색 리넨**	11수 원단					
사용한 **자수실** _	DMC 25번사	○ ecru	● 310	● 347	● 349	● 435	● 841	● 987	● 3354
		● 3755	● 3813	● 3882					
	애플톤 울실	● 584							

❻ 310(2), 프렌치 노트 s 2번 감기

❶ 3882(2), 아웃라인 s

❼ 310(2), 아웃라인 s

❽ 310(2), 레이지 데이지 s

❷ 3882(2), 프렌치 노트 s
1번 감기

❾ 310(2), 백 s

❸ 347(2), 백 s

⓫ 349(2), 스트레이트 s

❹ 347(2), 아웃라인 s

❿ ecru(2), 새틴 s

❺ 347(2), 스트레이트 s

곰인형 & 휴대 전화 _____

1 곰인형의 테두리는 DMC 25번사 3882, 2올로 아웃라인 스티치를 수놓습니다.

2 곰인형의 눈은 DMC 25번사 3882, 2올로 프렌치 노트 스티치 1번 감기하여 수놓습니다.

3 곰인형의 리본은 DMC 25번사 347, 2올로 백 스티치를 수놓습니다.

4 곰인형의 치마는 DMC 25번사 347, 2올로 아웃라인 스티치를 수놓습니다.

5 곰인형의 치마 주름은 DMC 25번사 347, 2올로 스트레이트 스티치를 수놓습니다

6 곰인형의 끈은 DMC 25번사 310, 2올로 프렌치 노트 스티치 2번 감기하여 수놓습니다.

7 휴대 전화의 테두리는 DMC 25번사 310, 2올로 아웃라인 스티치를 수놓습니다.

8 휴대 전화 카메라는 DMC 25번사 310, 2올로 레이지 데이지 스티치를 수놓습니다.

9 채팅창의 말풍선은 DMC 25번사 310, 2올로 백 스티치를 수놓습니다.

10 휴대 전화 앞면은 DMC 25번사 ecru, 2올로 새틴 스티치를 수놓아 메워 줍니다.

11 하트는 DMC 25번사 349, 2올로 스트레이트 스티치를 수놓습니다.

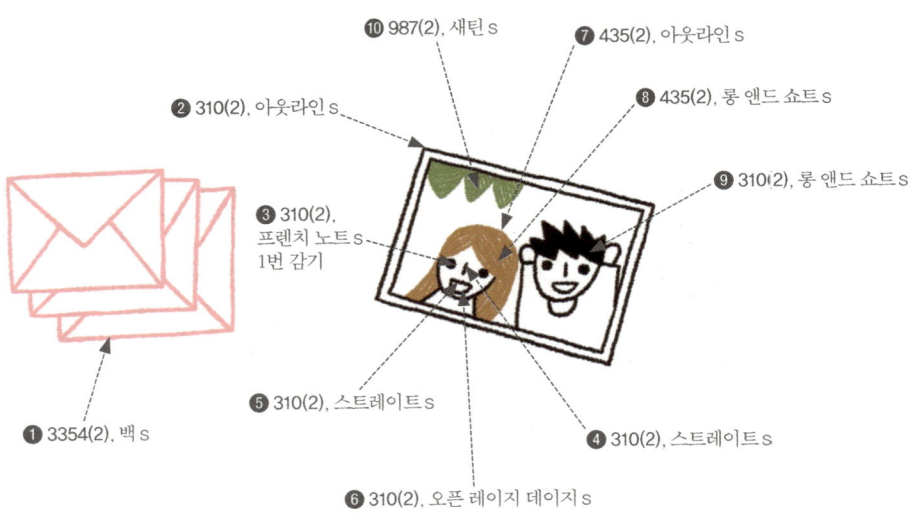

⑩ 987(2), 새틴 s
⑦ 435(2), 아웃라인 s
② 310(2), 아웃라인 s
⑧ 435(2), 롱 앤드 쇼트 s
⑨ 310(2), 롱 앤드 쇼트 s
③ 310(2), 프렌치 노트 s 1번 감기
⑤ 310(2), 스트레이트 s
④ 310(2), 스트레이트 s
① 3354(2), 백 s
⑥ 310(2), 오픈 레이지 데이지 s

편지 봉투&액자

1 편지 봉투는 DMC 25번사 3354, 2올로 백 스티치를 수놓습니다.

2 검은색으로 칠한 모든 테두리는 DMC 25번사 310, 2올로 아웃라인 스티치를 수놓습니다. 이때 눈, 코, 입은 제외합니다.

3 눈은 DMC 25번사 310, 2올로 프렌치 노트 스티치 1번 감기하여 수놓습니다.

4 코는 DMC 25번사 310, 2올로 스트레이트 스티치를 수놓습니다.

5 윗입술은 DMC 25번사 310, 2올로 스트레이트 스티치를 수놓습니다.

6 아랫입술은 DMC 25번사 310, 2올로 오픈 레이지 데이지 스티치를 수놓습니다.

7 여자 머리카락의 테두리는 DMC 25번사 435, 2올로 아웃라인 스티치를 수놓습니다.

8 여자 머리카락은 DMC 25번사 435, 2올로 롱 앤드 쇼트 스티치를 수놓아 메워 줍니다.

9 남자 머리카락은 DMC 25번사 310, 2올로 롱 앤드 쇼트 스티치를 수놓아 메워 줍니다.

10 나뭇잎은 DMC 25번사 987, 2올로 새틴 스티치를 수놓아 메워 줍니다.

❼ 435(2), 롱 앤드 쇼트 s

❻ 435(2), 아웃라인 s

❸ 310(2), 스트레이트 s
PANDA'S TIP 속눈썹은 짧게 한 땀을 놓다도 좋아요.

❹ 310(2), 프렌치 노트 s 2번 감기

❶ 310(2), 아웃라인 s

❽ 349(2), 롱 앤드 쇼트 s

❺ 310(2), 백 s

❿ ecru(2), 새틴 s

❾ 349(2), 새틴 s

⓫ 3813(2), 새틴 s

❷ 310(2), 스트레이트 s
PANDA'S TIP 손가락은 아주 짧게 한 땀을 놓아도 좋아요.

⓬ 3755(2), 새틴 s

그 여자

1 검은색으로 칠한 모든 테두리는 DMC 25번사 310, 2올로 아웃라인 스티치를 수놓습니다.

2 손가락은 DMC 25번사 310, 2올로 스트레이트 스티치를 수놓습니다.

3 속눈썹은 DMC 25번사 310, 2올로 스트레이트 스티치를 수놓습니다.

4 눈은 DMC 25번사 310, 2올르 프렌치 노트 스티치 2번 감기하여 수놓습니다.

5 코, 입은 DMC 25번사 310, 2올로 백 스티치를 수놓습니다.

6 머리카락의 테두리는 DMC 25번사 435, 2올로 아웃라인 스티치를 수놓습니다.

7 머리카락은 DMC 25번사 435, 2올로 롱 앤드 쇼트 스티치를 수놓아 메워 줍니다.

8 가방끈은 DMC 25번사 349, 2올로 롱 앤드 쇼트 스티치를 수놓아 메워 줍니다.

9 가방 하단은 DMC 25번사 349, 2올르 새틴 스티치를 수놓아 메워 줍니다.

10 가방은 DMC 25번사 ecru, 2올로 새틴 스티치를 수놓아 메워 줍니다.

11 치마는 DMC 25번사 3813, 2올로 새틴 스티치를 수놓아 메워 줍니다.

12 신발은 DMC 25번사 3755, 2올로 새틴 스티치를 수놓아 메워 줍니다.

❺ 애플톤 울실 584(2), 아웃라인 s

❻ 애플톤 울실 584(2), 롱 앤드 쇼트 s

❹ 310(2), 오픈 레이지데이지 s

❷ 310(2), 스트레이트 s
PANDA'S TIP 눈썹은 한 땀 길이로 수놓습니다.

❸ 310(2), 백 s

❽ 841(2), 새틴 s

❾ 841(2), 롱 앤드 쇼트 s

❶ 310(2), 아웃라인 s

❼ 310(2), 새틴 s

❷ 310(2), 스트레이트 s
PANDA'S TIP 손가락은 아주 짧게 한 땀을 수놓습니다.

그 남자

1 검은색으로 칠한 모든 테두리는 DMC 25번사 310, 2올로 아웃라인 스티치를 수놓습니다. 이때 머리카락, 손가락, 속눈썹, 눈, 코는 제외합니다.

2 남자의 손가락, 눈썹, 입, 코는 DMC 25번사 310, 2올로 스트레이트 스티치를 수놓습니다.

3 남자의 눈은 DMC 25번사 310, 2올로 백 스티치를 수놓습니다.

4 이마에 맺힌 땀은 DMC 25번사 310, 2올로 오픈 레이지 데이지 스티치를 수놓습니다.

5 남자 머리카락의 테두리는 애플톤 울실 584, 2올로 아웃라인 스티치를 수놓습니다.

6 남자 머리카락은 애플톤 울실 584, 2올로 롱 앤드 쇼트 스티치를 수놓아 메워 줍니다.

7 남자 신발은 DMC 25번사 310, 2올로 새틴 스티치를 수놓아 메워 줍니다.

8 셔츠의 소매와 깃은 DMC 25번사 841, 2올로 새틴 스티치를 수놓아 메워 줍니다.

9 셔츠는 DMC 25번사 841, 2올로 롱 앤드 쇼트 스티치를 수놓아 메워 줍니다.

PREPARATION

사용한 **원단** _	**미색 리넨**	11수 원단					
사용한 **자수실** _	DMC 25번사	● 310	● 349	● 435	● 3364	● 3755	● 3799	● 3823
	애플톤 울실	● 584					

❶ 3799(2), 아웃라인 s
PANDA'S TIP 셀카봉도 아웃라인 s 입니다.

❷ 3755(2), 새틴 s

❺ 3799(2), 새틴 s

❻ 435(2), 아웃라인 s

❸ 3799(2), 프렌치 노트 s 1번 감기

❼ 435(2), 롱 앤드 쇼트 s

❹ 3799(2), 아웃라인 s

❽ 3823(2), 롱 앤드 쇼트 s

휴대 전화 & 그 여자

1 진회색으로 칠한 모든 테두리는 DMC 25번사 3799, 2 올로 아웃라인 스티치를 수놓습니다.

2 휴대 전화 속 하늘색 배경은 DMC 25번사 3755, 2올 로 새틴 스티치를 수놓아 메워 줍니다.

3 남녀의 눈은 DMC 25번사 3799, 2올로 프렌치 노트 스티치 1번 감기하여 수놓습니다.

4 남녀의 입, 코는 DMC 25번사 3799, 2올로 아웃라인 스티치를 수놓습니다.

5 남자의 머리카락은 DMC 25번사 3799, 2올로 새틴 스 티치를 수놓아 메워 줍니다.

6 여자 머리카락의 테두리는 DMC 25번사 435, 2올로 아웃라인 스티치를 수놓습니다.

7 여자 머리카락은 DMC 25번사 435, 2올로 롱 앤드 쇼 트 스티치를 수놓아 메워 줍니다.

8 원피스는 DMC 25번사 3823, 2올로 롱 앤드 쇼트 스 티치를 수놓아 메워 줍니다.

④ 3364(4), 플라이 s   ⑤ 3364(4), 스트레이트 s

❶ 애플톤 울실 534(2), 아웃라인 s

❷ 애플톤 울실 584(2), 롱 앤드 쇼트 s

❻ 349(2), 레이지 데이지 s

❸ 3799(2), 아웃라인 s

그 남자 & 배경

1 남자 머리카락의 테두리는 애플톤 울실 584, 2올로 아웃라인 스티치를 수놓습니다.

2 남자 머리카락은 애플톤 울실 584, 2올로 롱 앤드 쇼트 스티치를 수놓아 메워 줍니다.

3 남자의 셔츠와 소매, 깃은 DMC 25번사 3799, 2올로 아웃라인 스티치를 수놓습니다.

4 나뭇잎은 DMC 25번사 3364, 4올로 플라이 스티치를 수놓습니다.

5 나뭇잎 잘린 부분은 DMC 25번사 3364, 4올로 스트레이트 스티치를 수놓습니다.

6 하트는 DMC 25번사 349, 2올로 레이지 데이지 스티치를 수놓습니다.

④ 349(2), 새틴 s

③ 349(2), 백 s

⑤ 310(2), 백 s

① 349(2), 아웃라인 s

② 349(2), 스트레이트 s

⑥ 310(2), 아웃라인 s

풍선

1 풍선의 테두리는 DMC 25번사 349, 2올로 아웃라인 스티치를 수놓습니다. 이때 풍선 꼭지는 제외합니다.

2 풍선 꼭지는 DMC 25번사 349, 2올로 스트레이트 스티치를 수놓습니다.

3 하트의 테두리는 DMC 25번사 349, 2올로 백 스티치를 수놓습니다.

4 하트는 DMC 25번사 349, 2올로 테두리를 감싸며 새틴 스티치를 수놓아 메워 줍니다.

5 글자는 DMC 25번사 310, 2올로 백 스티치를 수놓습니다.

   PANDA'S TIP 글자의 O는 오픈 레이지 데이지 스티치를 2개 붙여 수놓습니다. 스티치 과정은 15쪽, QR코드 동영상에 있습니다.

6 끈은 DMC 25번사 310, 2올로 아웃라인 스티치를 수놓습니다.

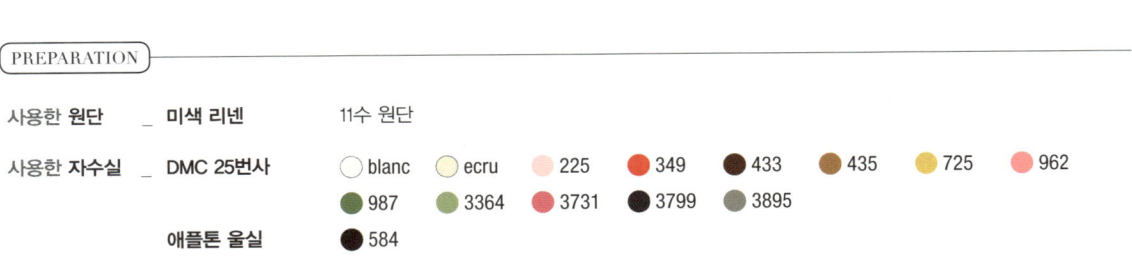

PREPARATION

사용한 **원단**	_	**미색 리넨**	11수 원단

사용한 **자수실** _ **DMC 25번사**

○ blanc   ○ ecru   ● 225   ● 349   ● 433   ● 435   ● 725   ● 962

● 987   ● 3364   ● 3731   ● 3799   ● 3895

애플톤 울실   ● 584

❷ 987(2), 러이지 데이지 s

❸ 349(2), 레이지 데이지 s

❶ 433(2), 아웃라인 s

❸ 349(2), 레이지 데이지 s

❸ 349(2), 레이지 데이지 s

❺ 725(2), 프렌치 노트 s 2번 감기

❻ 3364(2), 프렌치 노트 s 2번 감기

❽ 962(2), 레이지 데이지 s

❹ ecru(2), 페더 s

❼ 962(2), 스트레이트 s

배경

1 나뭇가지는 DMC 25번사 433, 2올로 아웃라인 스티
치를 1줄씩 수놓아 면적을 메워 줍니다.

2 나뭇잎은 DMC 25번사 987 2올로 레이지 데이지 스
티치를 수놓습니다.

3 하트는 DMC 25번사 349, 2올로 레이지 데이지 스티치
를 수놓습니다.

4 하단의 꽃줄기는 DMC 25번사 ecru, 2올로 페더 스티
치를 수놓습니다.

5 아래쪽의 노란색 꽃은 DMC 25번사 725, 2올로 프렌
치 노트 스티치 2번 감기하여 수놓습니다.

6 아래쪽의 연두색 꽃은 DMC 25번사 3364, 2올로 프렌
치 노트 스티치 2번 감기하여 수놓습니다.

7 L, V, E는 DMC 25번사 962, 2올로 스트레이트 스티치
를 수놓습니다.

8 하트 모양의 O는 DMC 25번사 962, 2올로 레이지 데
이지 스티치를 수놓습니다.

⑥ 435(2), 아웃라인 s

② 3799(2),
스트레이트 s

⑦ 435(2), 롱 앤드 쇼트 s

③ 3799(2), 아웃라인 s

④ 3731(2), 새틴 s

⑧ blanc(2)
새틴 s

① 3799(2), 아웃라인 s

⑨ 225(2), 새틴 s

⑤ 725(2), 스트레이트 s

그 여자

1 진회색으로 칠한 모든 테두리는 DMC 25번사 3799, 2
   올로 아웃라인 스티치를 수놓습니다.

2 눈, 코는 DMC 25번사 3799, 2올로 스트레이트 스티
   치를 수놓습니다.

3 입은 DMC 25번사 3799, 2올로 아웃라인 스티치를 수
   놓습니다.

4 입 속은 DMC 25번사 3731, 2올로 새틴 스티치를 수
   놓아 메워 줍니다.

5 반지는 DMC 25번사 725, 2올로 스트레이트 스티치
   를 1줄 수놓습니다.

6 여자 머리카락 테두리는 DMC 25번사 435, 2올로 아
   웃라인 스티치를 수놓습니다.

7 여자 머리카락은 DMC 25번사 435, 2올로 롱 앤드 쇼
   트 스티치를 수놓아 메워 줍니다.

8 원피스의 소매와 옷깃은 DMC 25번사 blanc, 2올로
   새틴 스티치를 수놓아 메워 줍니다.

9 원피스는 DMC 25번사 225, 2올로 새틴 스티치를 수
   놓아 메워 줍니다.

❻ 애플톤 울실 584(2), 아웃라인 s

❼ 애플톤 울실 584(2), 롱 앤드 쇼트 s

❷ 3799(2), 스트레이트 s

❸ 3799(2), 아웃라인 s

❶ 3799(2), 아웃라인 s

❹ 3731(2), 새틴 s

❽ 3895(2), 새틴 s

❺ 725(2), 스트레이트 s

그 남자

1 진회색으로 칠한 모든 테두리는 DMC 25번사 3799, 2올로 아웃라인 스티치를 수놓습니다.

2 눈, 코는 DMC 25번사 3799, 2올로 스트레이트 스티치를 수놓습니다.

3 입은 DMC 25번사 3799, 2올로 아웃라인 스티치를 수놓습니다.

4 입속은 DMC 25번사 3731, 2올로 새틴 스티치를 수놓아 메워 줍니다.

5 반지는 DMC 25번사 725, 2올로 스트레이트 스티치를 1줄 수놓습니다.

6 머리카락 테두리는 애플톤 울실 584, 2올로 아웃라인 스티치를 수놓습니다.

7 머리카락은 애플톤 울실 584, 2올로 롱 앤드 쇼트 스티치를 수놓아 메워 줍니다.

8 셔츠는 DMC 25번사 3895, 2올로 새틴 스티치를 수놓아 메워 줍니다.

생 일 축 하 해 !

PREPARATION

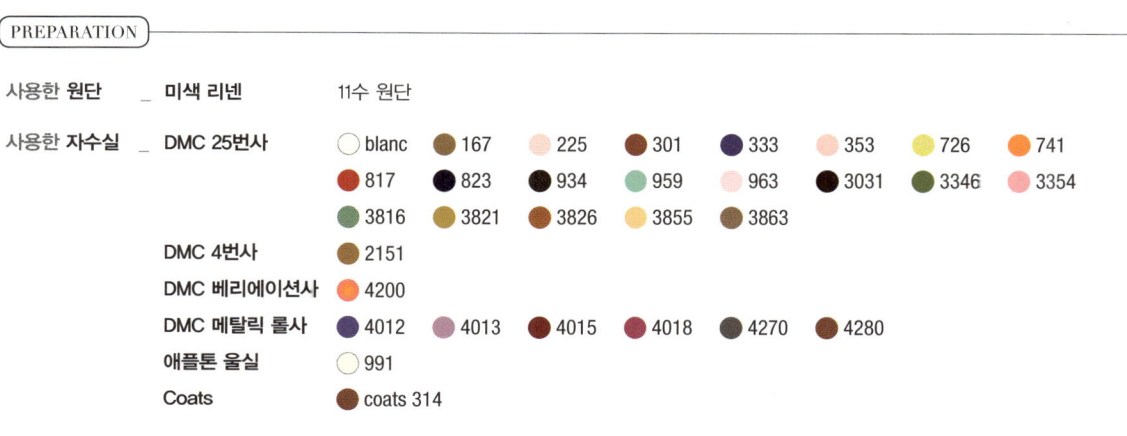

사용한 **원단**	_ 미색 리넨	11수 원단						
사용한 **자수실**	_ DMC 25번사	○ blanc	● 167	● 225	● 301	● 333	● 353	● 726	● 741

		● 817	● 823	● 934	● 959	● 963	● 3031	● 3346	● 3354
		● 3816	● 3821	● 3826	● 3855	● 3863			

	DMC 4번사	● 2151				
	DMC 베리에이션사	● 4200				
	DMC 메탈릭 롤사	● 4012	● 4013	● 4015	● 4018	● 4270	● 4280
	애플톤 울실	○ 991				
	Coats	● coats 314				

PANDA'S TIP 'coats 314'는 키스더레이스(온라인자수쇼핑몰), 동대문 종합상가 B동 5층에서 구입하거나 'DMC 디아망-301'로 대체할 수 있습니다.
'DMC 4번사 2151', '애플톤 울실 991'은 키스더레이스에서 구매할 수 있습니다.

❶ 817(6), 백 s
❷ 3031(2), 아웃라인 s
❸ 817(2), 스트레이트 s

❷ 817(2), 스트레이트 s
❼ 3031(2), 백 s
❽ 3031(2), 새틴 s
❾ 3031(1), 스트레이트 s
❿ 3031(1), 백 s
⓭ 817(2), 새틴 s
⓫ blanc(2), 스트레이트 s
❹ 3031(2), 백 s
❺ 3031(2), 스트레이트 s
❻ 3031(2), 뒤집힌 플라이 s
⓮ 메탈릭 롤사 4270(2), 스트레이트 s

Happy Birthday & 고양이

1 리본의 테두리는 DMC 25번사 817, 6올로 백 스티치를 수놓습니다.

2 Happy Birthday는 DMC 25번사 3031, 2올로 아웃라인 스티치를 수놓습니다.
   PANDA'S TIP 글자의 곡선 부분은 오픈 레이지 데이지 스티치를 수놓습니다. 스티치 과정은 15쪽, QR코드 동영상에 있습니다.

3 리본 안에 있는 하트는 DMC 25번사 817, 2올로 스트레이트 스티치를 수놓습니다.

4 진갈색으로 칠한 고양이의 모든 테두리는 DMC 25번사 3031, 2올로 백 스티치를 수놓습니다. 이때 고양이의 눈, 수염, 입은 제외합니다.

5 고양이의 눈, 수염은 DMC 25번사 3031, 2올로 스트레이트 스티치를 수놓습니다.

6 입은 DMC 25번사 3031, 2올로 뒤집힌 플라이 스티치를 수놓습니다.

7 코는 DMC 25번사 3031, 2올로 백 스티치를 수놓습니다.

8 콧방울은 DMC 25번사 3031, 2올로 새틴 스티치를 수놓습니다.

9 글자는 DMC 25번사 3031, 2올로 스트레이트 스티치를 수놓습니다.
   PANDA'S TIP 글자의 O은 오픈 레이지 데이지 스티치를 2개 붙여 수놓습니다. 스티치 과정은 15쪽, QR코드 동영상에 있습니다.

10 글자 뒤에 있는 물결은 DMC 25번사 3031, 1올로 백 스티치를 수놓습니다.

11 고깔모자의 흰색 줄무늬는 DMC 25번사 blanc, 2올로 스트레이트 스티치를 수놓습니다.

12 고깔모자의 빨간색 줄무늬는 DMC 25번사 817, 2올로 스트레이트 스티치를 수놓습니다.

13 폭죽은 DMC 25번사 817, 2올로 새틴 스티치를 수놓아 메워 줍니다.

14 폭죽 종이는 DMC 메탈릭 롤사 4270, 2올로 스트레이트 스티치를 수놓습니다.

❸ 메탈릭 롤사 4018(4), 새틴 s

❺ 3863(4), 스플릿 s

❺ 3863(4), 새틴 s

❹ 3863(4), 오픈 레이지 데이지 s

❶ 3031(2), 아웃라인 s

❼ 167(2), 오픈 레이지 데이지 s

❽ 167(2), 스플릿 s

❷ 4번사 2151(1),
오픈 레이지 데이지 s

❾ 167(2), 새틴 s

파티하는 사람들

1 진갈색으로 칠한 모든 테두리는 DMC 25번사 3031, 2 올로 아웃라인 스티치를 수놓습니다.

2 남자의 머리는 DMC 4번사 2151, 1올로 오픈 레이지 데이지 스티치를 수놓습니다.

3 왕관은 DMC 메탈릭 롤사 4018, 4올로 새틴 스티치를 세로 방향으로 수놓아 메워 줍니다.

4 가운데 앉은 여자의 앞머리와 옆머리는 DMC 25번사 3863, 4올로 오픈 레이지 데이지 스티치를 수놓습니다.

5 가운데 앉은 여자의 머리카락 테두리는 DMC 25번사 3863, 4올로 스플릿 스티치를 수놓습니다.

6 가운데 앉은 여자의 남은 머리카락은 DMC 25번사 3863, 4올로 새틴 스티치를 수놓아 메워 줍니다.

7 오른쪽에 앉은 여자의 앞머리는 DMC 25번사 167, 2 올로 오픈 레이지 데이지 스티치를 수놓습니다.

8 오른쪽에 앉은 여자의 머리카락 테두리는 DMC 25번 사 167, 2올로 스플릿 스티치를 수놓습니다.

9 오른쪽에 앉은 여자의 머리카락은 DMC 25번사 167, 2올로 새틴 스티치를 수놓아 메워 줍니다.

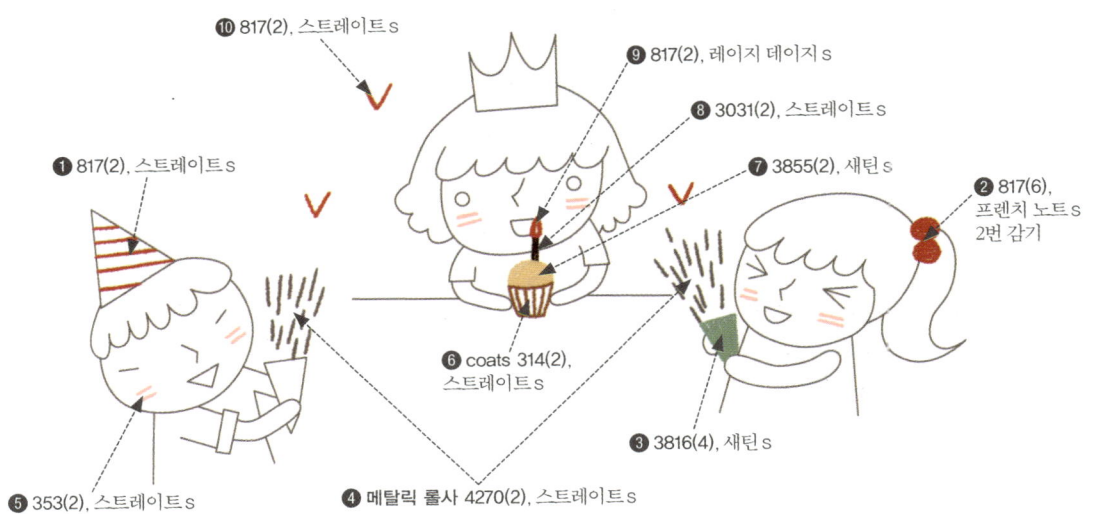

10 817(2), 스트레이트 s

9 817(2), 레이지 데이지 s

8 3031(2), 스트레이트 s

1 817(2), 스트레이트 s

7 3855(2), 새틴 s

2 817(6), 프렌치 노트 s 2번 감기

6 coats 314(2), 스트레이트 s

3 3816(4), 새틴 s

5 353(2), 스트레이트 s

4 메탈릭 롤사 4270(2), 스트레이트 s

파티 용품

1 고깔모자의 빨간색 줄무늬는 DMC 25번사 817, 2올로 스트레이트 스티치를 수놓습니다.

2 오른쪽 여자의 머리 방울은 DMC 25번사 817, 6올로 프렌치 노트 스티치 2번 감기하여 수놓습니다.

3 오른쪽 여자가 들고 있는 폭죽은 DMC 25번사 3816, 4올로 새틴 스티치를 수놓아 메워 줍니다.

4 폭죽 종이는 DMC 메탈릭 롤사 4270, 2올로 스트레이트 스티치를 수놓습니다.

5 모든 볼터치는 DMC 25번사 353, 2올로 스트레이트 스티치를 수놓습니다.

6 컵케이크의 빵 부분은 coats 314, 2올로 스트레이트 스티치를 수놓습니다.

7 컵케이크의 크림 부분은 DMC 25번사 3855, 2올로 새틴 스티치를 수놓아 메워 줍니다.

8 초는 DMC 25번사 3031, 2올로 스트레이트 스티치를 수놓습니다.

9 촛불은 DMC 25번사 817, 2올로 레이지 데이지 스티치를 수놓습니다.

10 하트는 DMC 25번사 817, 2올로 스트레이트 스티치를 수놓습니다.

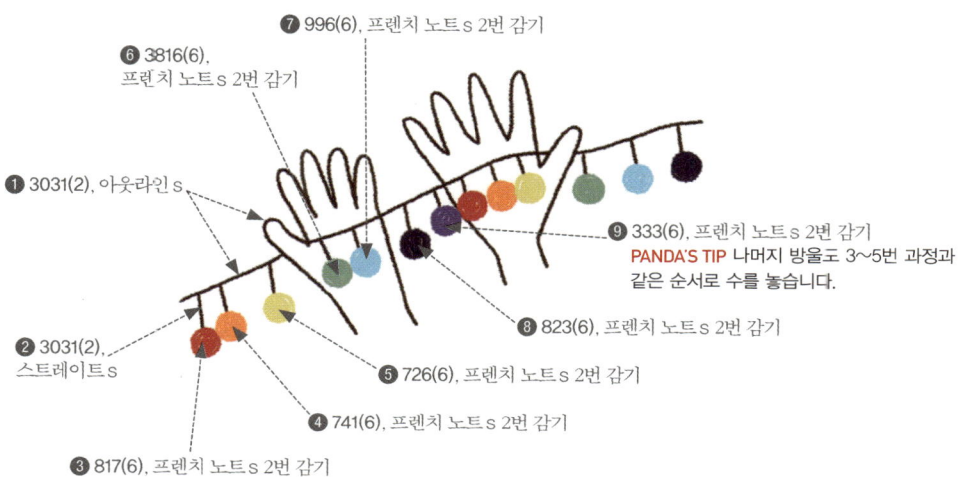

❻ 3816(6),
프렌치 노트 s 2번 감기

❼ 996(6), 프렌치 노트 s 2번 감기

❶ 3031(2), 아웃라인 s

❷ 3031(2),
스트레이트 s

❸ 817(6), 프렌치 노트 s 2번 감기

❹ 741(6), 프렌치 노트 s 2번 감기

❺ 726(6), 프렌치 노트 s 2번 감기

❽ 823(6), 프렌치 노트 s 2번 감기

❾ 333(6), 프렌치 노트 s 2번 감기
PANDA'S TIP 나머지 방울도 3~5번 과정과
같은 순서로 수를 놓습니다.

손&방울

1 손과 끈은 DMC 25번사 3031, 2올로 아웃라인 스티치
   를 수놓습니다.
2 방울 연결 부분은 DMC 25번사 3031, 2올로 스트레이
   트 스티치를 수놓습니다.
3 빨간색 방울은 DMC 25번사 817, 6올로 프렌치 노트
   스티치 2번 감기하여 수놓습니다.
4 주황색 방울은 DMC 25번사 741, 6올로 프렌치 노트
   스티치 2번 감기하여 수놓습니다.
5 노란색 방울은 DMC 25번사 726, 6올로 프렌치 노트
   스티치 2번 감기하여 수놓습니다.

6 초록색 방울은 DMC 25번사 3816, 6올로 프렌치 노트
   스티치 2번 감기하여 수놓습니다.
7 파란색 방울은 DMC 25번사 996, 6올로 프렌치 노트
   스티치 2번 감기하여 수놓습니다.
8 남색 방울은 DMC 25번사 823, 6올르 프렌치 노트 스
   티치 2번 감기하여 수놓습니다.
9 보라색 방울은 DMC 25번사 333, 6올로 프렌치 노트
   스티치 2번 감기하여 수놓습니다.

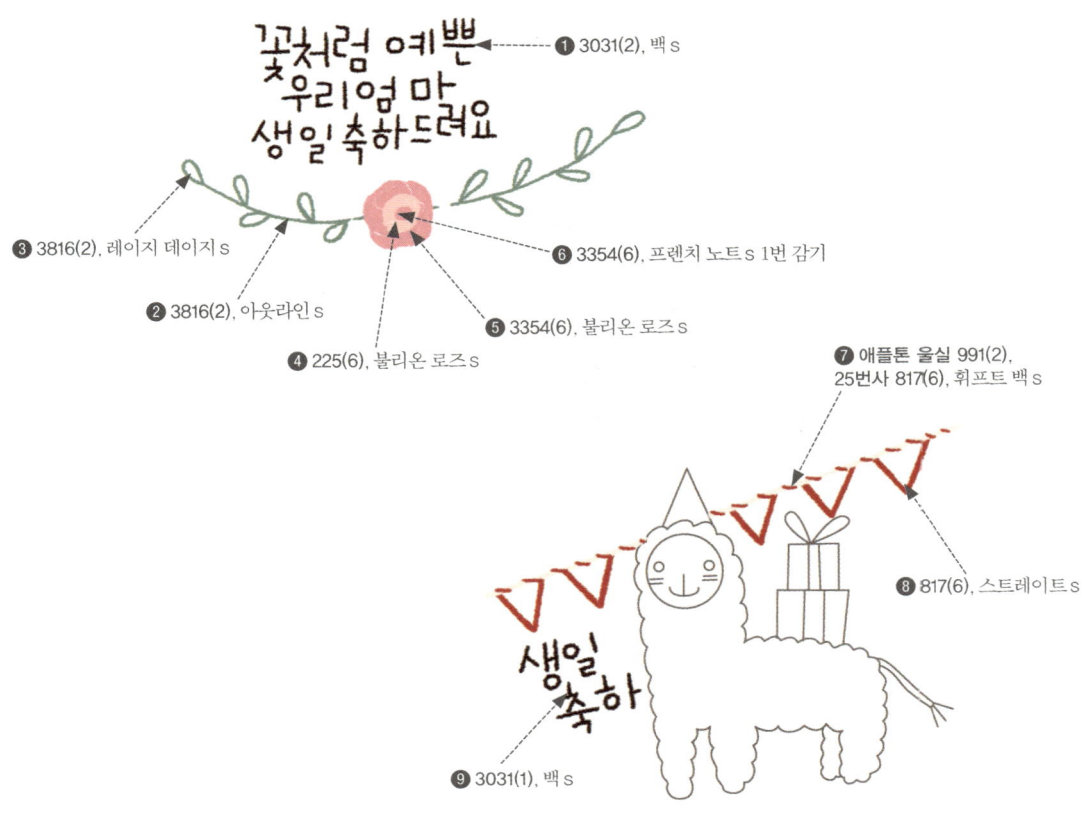

❶ 3031(2), 백 s

❸ 3816(2), 레이지 데이지 s

❷ 3816(2), 아웃라인 s

❹ 225(6), 불리온 로즈 s

❺ 3354(6), 불리온 로즈 s

❻ 3354(6), 프렌치 노트 s 1번 감기

❼ 애플톤 울실 991(2), 25번사 817(6), 휘프트 백 s

❽ 817(6), 스트레이트 s

❾ 3031(1), 백 s

꽃 & 글자

1 글자는 DMC 25번사 3031, 2올로 백 스티치를 수놓습니다.

   PANDA'S TIP 글자의 O은 오픈 레이지 데이지 스티치를 2개 붙여 수놓습니다. 스티치 과정은 15쪽, QR코드 동영상에 있습니다.

2 줄기는 DMC 25번사 3816, 2올로 아웃라인 스티치를 수놓습니다.

3 잎사귀는 DMC 25번사 3816, 2올로 레이지 데이지 스티치를 수놓습니다.

4 연분홍색 꽃잎은 DMC 25번사 225, 6올로 불리온 스티치를 수놓습니다.

5 진분홍색 꽃잎은 DMC 25번사 3354, 6올로 불리온 스티치를 수놓습니다.

6 장미 중앙은 DMC 25번사 3354, 6올로 프렌치 노트 스티치를 1번 감아 수놓습니다.

7 가랜드 끈은 애플톤 울실 991, 2올과 25번사 817, 6올로 휘프드 백 스티치를 수놓습니다. 이때 감는 실은 817을 사용합니다.

8 가랜드는 DMC 25번사 817, 6올로 스트레이트 스티치를 수놓습니다.

9 글자는 DMC 25번사 3031, 1올로 백 스티치를 수놓습니다.

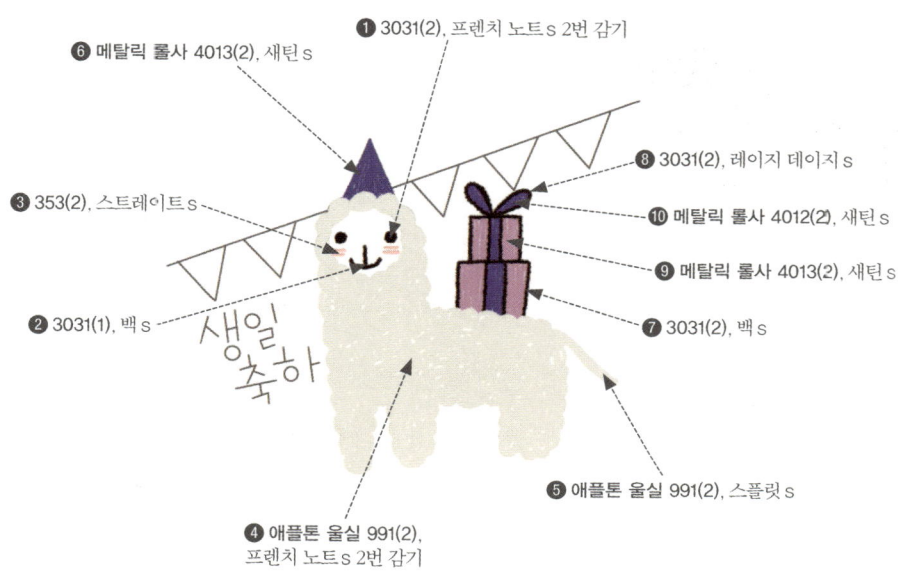

❻ 메탈릭 롤사 4013(2), 새틴 s

❶ 3031(2), 프렌치 노트 s 2번 감기

❸ 353(2), 스트레이트 s

❽ 3031(2), 레이지 데이지 s

❿ 메탈릭 롤사 4012(2), 새틴 s

❾ 메탈릭 롤사 4013(2), 새틴 s

❷ 3031(1), 백 s

❼ 3031(2), 백 s

생일 축하

❺ 애플톤 울실 991(2), 스플릿 s

❹ 애플톤 울실 991(2), 프렌치 노트 s 2번 감기

알파카

1 알파카 눈은 DMC 25번사 3031, 2올로 프렌치 노트 스티치 2번 감기하여 수놓습니다.

2 알파카 코, 입은 DMC 25번사 3031, 2올로 백 스티치를 수놓습니다.

3 알파카 볼터치는 DMC 25번사 353, 2올로 스트레이트 스티치를 수놓습니다.

4 알파카 몸은 애플톤 울실 991, 2올로 프렌치 노트 스티치 2번 감기하여 수놓아 메워 줍니다.

5 알파카 꼬리는 애플톤 울실 991, 2올로 스플릿 스티치를 수놓습니다.

6 고깔모자는 DMC 메탈릭 롤사 4012, 2올로 새틴 스티치를 수놓아 메워 줍니다.

7 선물상자 테두리는 DMC 25번사 3031, 2올로 백 스티치를 수놓습니다.

8 선물상자 리본 테두리는 DMC 25번사 3031, 2올로 레이지 데이지 스티치를 수놓습니다.

9 선물상자는 DMC 메탈릭 롤사 4013. 2올로 새틴 스티치를 수놓아 메워 줍니다.

10 선물상자 리본은 DMC 메탈릭 롤사 4012, 2올로 새틴 스티치를 수놓아 메워 줍니다.

❶ 3031(2), 백 S

❷ 메탈릭 롤사 4015(4), 스플릿 S

❿ 메탈릭 롤사 4015(2), 레이지 데이지 S

❽ 963(2), 새틴 S

❾ 712(2), 3031(2), 휘프트 백 S

❼ 301(1), 메탈릭 롤사 4280(1), 백 S

❸ 베리에이션사 4200(2), 아웃라인 S

❻ 메탈릭 롤사 4015(2), 스트레이트 S

❹ 베리에이션사 4200(2), 아웃라인 S

❺ 3031(2), 새틴 S

선물상자 & 컵케이크

1 FoR You와 선물상자 테두리는 DMC 25번사 3031, 2 올로 백 스티치를 수놓습니다.

PANDA'S TIP 글자의 O은 오픈 레이지 데이지 스티치를 2개 붙여 수 놓습니다. 스티치 과정은 15쪽, QR코드 동영상에 있습니다.

2 리본은 DMC 메탈릭 롤사 4015, 4올로 스플릿 스티치 를 수놓아 메워 줍니다.

3 글자 테두리는 DMC 베리에이션사 4200, 2올로 아웃 라인 스티치를 수놓습니다.

4 글자는 DMC 베리에이션사 4200, 2올로 아웃라인 스 티치를 수놓아 메워 줍니다.

5 폭죽은 DMC 25번사 3031, 2올로 새틴 스티치를 수놓 아 메워 줍니다.

6 폭죽 종이는 DMC 메탈릭 롤사 4015, 2올로 스트레이 트 스티치를 수놓습니다.

7 컵케이크의 빵은 DMC 25번사 301, 1올과 DMC 메탈 릭 롤사 4280, 1올을 한꺼번어 합쳐 바늘에 걸고 백 스티치를 수놓습니다.

8 컵케이크 크림 부분은 DMC 25번사 963, 2올로 새틴 스티치를 수놓아 메워 줍니다.

9 초는 DMC 25번사 3031, 2올과 712, 2올로 휘프트 백 스티치를 수놓습니다. 이때 감는 실은 712를 사용합 니다.

10 촛불은 DMC 메탈릭 롤사 4015, 2올로 레이지 데이지 스티치를 수놓습니다.

❷ 3031(2), 스트레이트 s

❸ 934(2), 새틴 s

❶ 3031(2), 아웃라인 s

❹ 3821(2), 새틴 s

❼ 3346(2), 더블 레이지 데이지 s

❺ 3826(2), 아웃라인 s

❻ 3826(2), 아웃라인 s

❽ 3031(2), 스트레이트 s

미역국&팻말

1 국그릇은 DMC 25번사 3031, 2올로 아웃라인 스티치를 수놓습니다.

2 글자는 DMC 25번사 3031, 2올로 스트레이트 스티치를 수놓습니다.

   PANDA'S TIP 글자의 O은 오픈 레이지 데이지 스티치를 2개 붙여 수놓습니다. 스티치 과정은 15쪽, QR코드 동영상에 있습니다.

3 미역은 DMC 25번사 934, 2올로 새틴 스티치를 수놓아 메워 줍니다.

4 국물은 DMC 25번사 3821, 2올로 새틴 스티치를 수놓아 메워 줍니다.

5 나뭇가지의 테두리는 DMC 25번사 3826, 2올로 아웃라인 스티치를 수놓습니다.

6 나뭇가지는 DMC 25번사 3826, 2올로 아웃라인 스티치를 수놓아 메워 줍니다.

7 나뭇잎은 DMC 25번사 3346, 2올로 더블 레이지 데이지 스티치를 수놓습니다.

8 팻말과 HAPPY BIRTHDAY는 DMC 25번사 3031, 2올로 백 스티치를 수놓습니다.

   PANDA'S TIP 글자의 곡선 부분은 오픈 레이지 데이지 스티치를 수놓습니다. 스티치 과정은 15쪽, QR코드 동영상에 있습니다.

오늘의 한 잔!

PREPARATION

사용한 **원단** _ **리넨**

11수 베네치안 레드 컬러 원단

사용한 **자수실** _ DMC 25번사

○ blanc ● 310 ● 321 ● 414 ● 720 ● 725 ● 824 ● 898
● 915 ● 936 ● 987 ● 3347 ● 3752 ● 3845

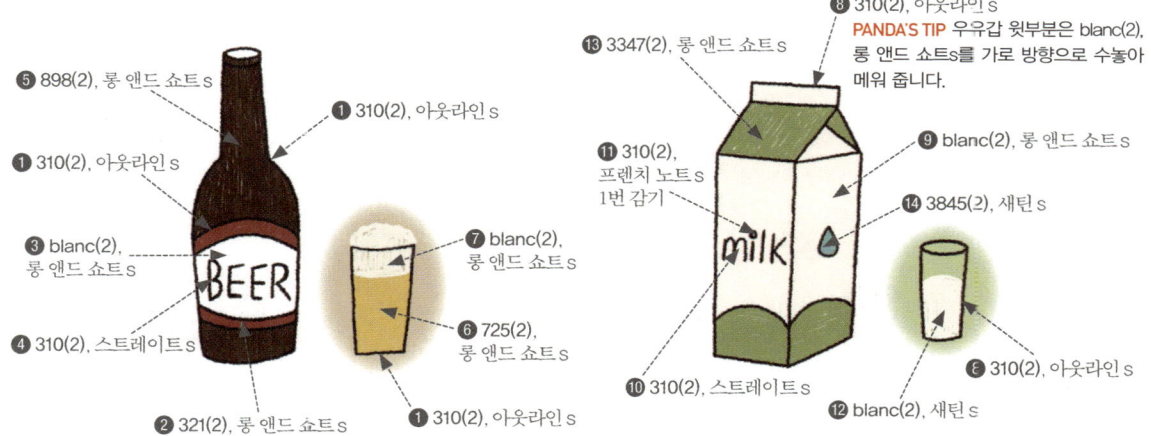

⑤ 898(2), 롱 앤드 쇼트 s

① 310(2), 아웃라인 s

① 310(2), 아웃라인 s

③ blanc(2), 롱 앤드 쇼트 s

④ 310(2), 스트레이트 s

② 321(2), 롱 앤드 쇼트 s

⑦ blanc(2), 롱 앤드 쇼트 s

⑥ 725(2), 롱 앤드 쇼트 s

① 310(2), 아웃라인 s

⑧ 310(2), 아웃라인 s

PANDA'S TIP 우유갑 윗부분은 blanc(2), 롱 앤드 쇼트s를 가로 방향으로 수놓아 메워 줍니다.

⑬ 3347(2), 롱 앤드 쇼트 s

⑪ 310(2), 프렌치 노트 s 1번 감기

⑨ blanc(2), 롱 앤드 쇼트 s

⑭ 3845(2), 새틴 s

① 310(2), 아웃라인 s

⑩ 310(2), 스트레이트 s

⑫ blanc(2), 새틴 s

맥주&우유

1 맥주병, 맥주잔에서 검은색으로 칠한 모든 테두리는 DMC 25번사 310, 2올로 아웃라인 스티치를 수놓습니다.

2 맥주병 라벨의 빨간 띠는 DMC 25번사 321, 2올로 롱 앤드 쇼트 스티치를 수놓습니다.

3 맥주병 라벨의 흰색 바탕은 DMC 25번사 blanc, 2올로 롱 앤드 쇼트 스티치를 수놓아 메워 줍니다.

4 BEER는 DMC 25번사 310, 2올로 스트레이트 스티치를 수놓습니다.
   PANDA'S TIP 글자의 곡선 부분은 레이지 데이지 스티치를 수놓습니다.

5 맥주병은 DMC 25번사 898, 2올로 롱 앤드 쇼트 스티치를 수놓아 메워 줍니다.

6 잔에 담긴 맥주는 DMC 25번사 725, 2올로 롱 앤드 쇼트 스티치를 수놓아 메워 줍니다.

7 맥주 거품은 DMC 25번사 blanc, 2올로 롱 앤드 쇼트 스티치를 수놓아 메워 줍니다.

8 우유갑, 우유잔에서 검은색으로 칠한 모든 테두리는 DMC 25번사 310, 2올로 아웃라인 스티치를 수놓습니다. 글자는 제외합니다.

9 우유갑의 모든 흰색 부분은 DMC 25번사 blanc, 2올로 롱 앤드 쇼트 스티치를 수놓아 메워 줍니다.

10 milk는 DMC 25번사 310, 2올로 스트레이트 스티치를 수놓습니다.

11 i의 동그라미는 DMC 25번사 310, 2올로 프렌치 노트 스티치 1번 감기하여 수놓습니다.

12 잔에 담긴 우유는 DMC 25번사 blanc, 2올로 새틴 스티치를 수놓아 메워 줍니다.

13 우유갑의 녹색 부분은 DMC 25번사 3347, 2올로 롱 앤드 쇼트 스티치를 수놓아 메워 줍니다.

14 우유갑의 물방울 무늬는 DMC 25번사 3845, 2올로 새틴 스티치를 수놓아 메워 줍니다.

❷ 310(2), 새틴 s

❶ 310(2), 아웃라인 s
PANDA'S TIP 주전자 안의 무늬는
수놓지 않습니다.

❷ 310(2), 새틴 s

❻ 898(2), 새틴 s

❺ 824(2), 새틴 s

❸ 414(2), 새틴 s

❶ 310(2), 아웃라인 s

❹ 310(2), 스트레이트 s

❽ 725(2), 롱 앤드 쇼트 s

⓬ 720(2), 새틴 s

❼ 310(2), 아웃라인 s
PANDA'S TIP 주전자 무늬는
수놓지 않습니다.

⓮ 725(2), 러닝 s

⓫ 720(2), 롱 앤드 쇼트 s

⓭ 725(2), 셰브론 s

⓬ 725(2), 롱 앤드 쇼트 s

❿ 720(2), 롱 앤드 쇼트 s

❼ 310(2), 아웃라인 s
PANDA'S TIP 찻잔 무늬는
수놓지 않습니다.

커피 & 홍차

1 모카 포트와 커피 찻잔에서 검은색으로 칠한 모든 테두리는 DMC 25번사 310, 2올로 아웃라인 스티치를 수놓습니다.

2 모카 포트의 뚜껑과 손잡이는 DMC 25번사 310, 2올로 새틴 스티치를 수놓아 메워 줍니다.

3 모카 포트는 DMC 25번사 414, 2올로 새틴 스티치를 수놓아 메워 줍니다.

4 모카 포트 무늬는 DMC 25번사 310, 2올로 스트레이트 스티치를 수놓습니다.

5 커피 찻잔은 DMC 25번사 824, 2올로 새틴 스티치를 수놓아 메워 줍니다.

6 찻잔에 담긴 커피는 DMC 25번사 898, 2올로 새틴 스티치를 수놓아 메워 줍니다.

7 홍차 주전자와 홍차 찻잔에서 검은색으로 칠한 모든 테두리는 DMC 25번사 310, 2올로 아웃라인 스티치를 수놓습니다.

8 주전자 뚜껑의 손잡이, 뚜껑의 아랫부분은 DMC 25번사 725, 2올로 롱 앤드 쇼트 스티치를 수놓습니다.

9 주전자 뚜껑의 윗부분은 DMC 25번사 720, 2올로 새틴 스티치를 수놓아 메워 줍니다.

10 홍차 주전자와 손잡이는 DMC 25번사 720, 2올로 롱 앤드 쇼트 스티치를 수놓아 메워 줍니다.

11 찻잔, 손잡이, 찻잔 받침은 DMC 25번사 720, 2올로 롱 앤드 쇼트 스티치를 수놓아 메워 줍니다. 찻잔 아랫부분은 제외입니다.

12 찻잔 아랫부분은 DMC 25번사 725, 2올로 롱 앤드 쇼트 스티치를 수놓아 메워 줍니다.

13 주전자 무늬는 DMC 25번사 725, 2올로 셰브론 스티치를 수놓습니다.

14 찻잔 무늬는 DMC 25번사 725, 2올로 러닝 스티치를 수놓습니다.

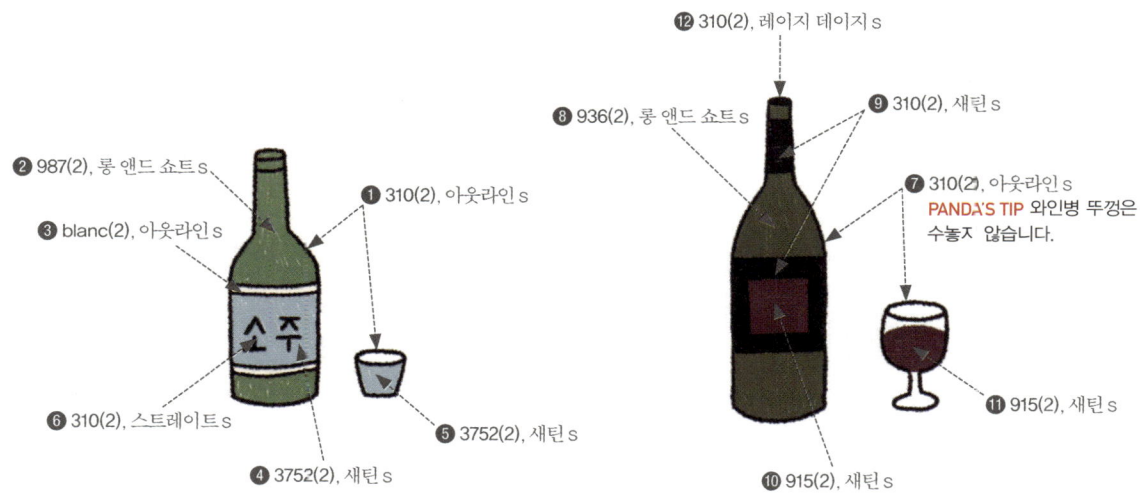

❷ 987(2), 롱 앤드 쇼트 s

❸ blanc(2), 아웃라인 s

❶ 310(2), 아웃라인 s

❻ 310(2), 스트레이트 s

❹ 3752(2), 새틴 s

❺ 3752(2), 새틴 s

❿ 310(2), 레이지 데이지 s

❽ 936(2), 롱 앤드 쇼트 s

❾ 310(2), 새틴 s

❼ 310(2), 아웃라인 s
PANDA'S TIP 와인병 뚜껑은
수놓지 않습니다.

❿ 915(2), 새틴 s

⓫ 915(2), 새틴 s

소주 & 와인

1 소주병과 소주잔에서 검은색으로 칠한 모든 테두리는 DMC 25번사 310, 2올로 아웃라인 스티치를 수놓습니다.

2 소주병은 DMC 25번사 987, 2올로 롱 앤드 쇼트 스티치를 수놓아 메워 줍니다.

3 소주병 라벨의 흰색 부분은 DMC 25번사 blanc, 2올로 아웃라인 스티치를 수놓습니다.

4 소주병 라벨의 하늘색 부분은 DMC 25번사 3752, 2올로 새틴 스티치를 수놓아 메워 줍니다.

5 잔에 담긴 소주도 DMC 25번사 3752, 2올로 새틴 스티치를 수놓아 메워 줍니다.

6 글자는 DMC 25번사 310, 2올로 스트레이트 스티치를 수놓습니다.

7 와인병, 와인잔에서 검은색으로 칠한 모든 테두리는 DMC 25번사 310, 2올로 아웃라인 스티치를 수놓습니다.

8 와인병은 DMC 25번사 936, 2올로 롱 앤드 쇼트 스티치를 수놓아 메워 줍니다.

9 와인병의 윗부분과 라벨 바깥 부분은 DMC 25번사 310, 2올로 새틴 스티치를 수놓아 메워 줍니다.

10 라벨 안쪽 부분은 DMC 25번사 915, 2올로 새틴 스티치를 수놓아 메워 줍니다.

11 잔에 담긴 와인은 DMC 25번사 915, 2올로 새틴 스티치를 수놓아 메워 줍니다.

12 와인병 뚜껑은 DMC 25번사 310, 2올로 레이지 데이지 스티치를 수놓습니다.

바느질 소품

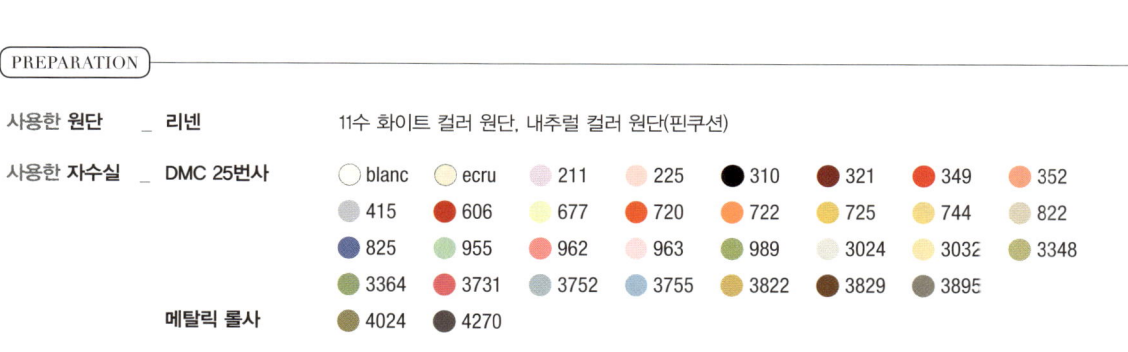

PREPARATION

| 사용한 **원단** _ 리넨 | 11수 화이트 컬러 원단, 내추럴 컬러 원단(핀쿠션) |

사용한 **자수실** _ DMC 25번사

◯ blanc	◯ ecru	● 211	● 225	● 310	● 321	● 349	● 352
● 415	● 606	● 677	● 720	● 722	● 725	● 744	● 822
● 825	● 955	● 962	● 963	● 989	● 3024	● 3032	● 3348
● 3364	● 3731	● 3752	● 3755	● 3822	● 3829	● 3895	

메탈릭 롤사

| ● 4024 | ● 4270 |

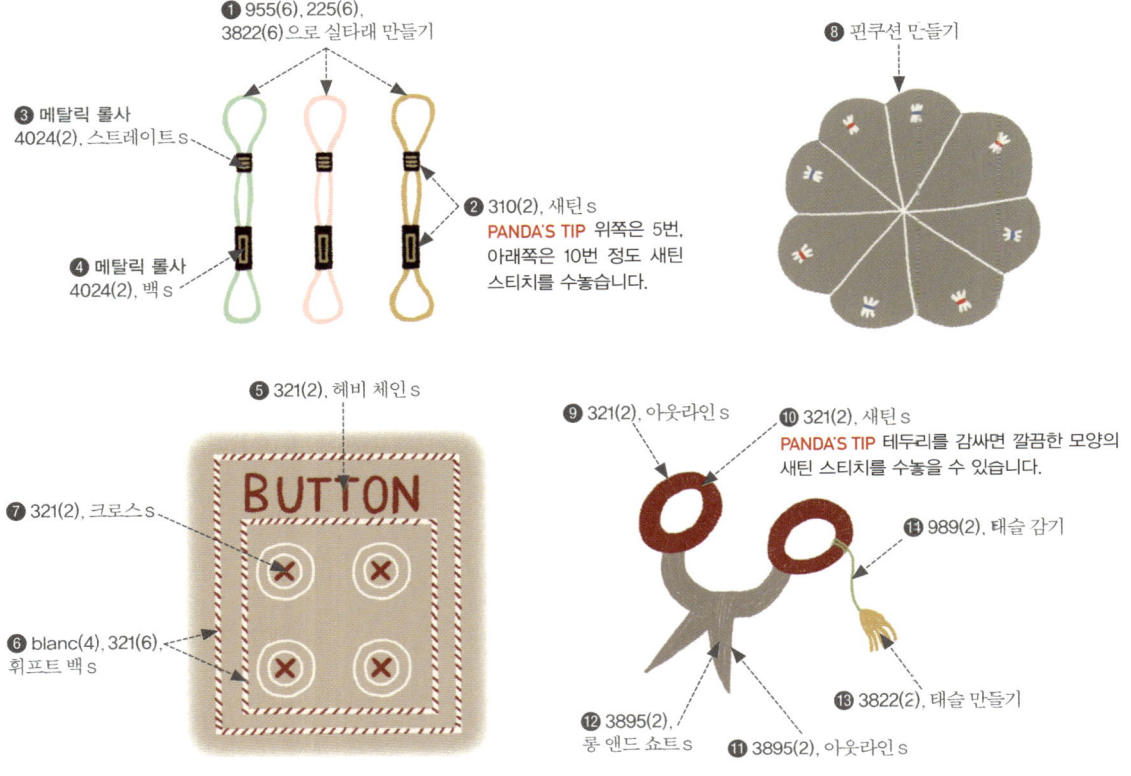

❶ 955(6), 225(6), 3822(6)으로 실타래 만들기

❸ 메탈릭 롤사 4024(2), 스트레이트 s

❹ 메탈릭 롤사 4024(2), 백 s

❷ 310(2), 새틴 s
PANDA'S TIP 위쪽은 5번, 아래쪽은 10번 정도 새틴 스티치를 수놓습니다.

❽ 핀쿠션 만들기

❺ 321(2), 헤비 체인 s

BUTTON

❼ 321(2), 크로스 s

❻ blanc(4), 321(6), 휘프트 백 s

❾ 321(2), 아웃라인 s

❿ 321(2), 새틴 s
PANDA'S TIP 테두리를 감싸면 깔끔한 모양의 새틴 스티치를 수놓을 수 있습니다.

⓮ 989(2), 태슬 감기

⓭ 3822(2), 태슬 만들기

⓬ 3895(2), 롱 앤드 쇼트 s

⓫ 3895(2), 아웃라인 s

실타래&핀쿠션&버튼&가위

1 왼쪽부터 DMC 25번사 955, 225, 3822를 모두 6올씩 각각 40m로 자른 후 실타래 모양으로 말아 놓습니다.

2 실타래 위쪽, 아래쪽에 DMC 25번사 310, 2올로 라벨 모양처럼 새틴 스티치를 수놓아 고정시킵니다.

3 위쪽 라벨에 메탈릭 롤사 4024, 2올로 스트레이트 스티치를 3줄 수놓습니다.

4 아래쪽 라벨에 메탈릭 롤사 4024, 2올로 백 스티치를 네모 모양으로 수놓습니다.

5 BUTTON은 DMC 25번사 321, 2올로 헤비 체인 스티치를 수놓습니다.

6 바깥쪽, 안쪽 사각형을 각각 DMC 25번사 blanc, 4올과 321, 2올로 휘프트 백 스티치를 수놓습니다. 이때 감는 실은 321을 사용합니다.

7 7~9mm 크기의 단추를 DMC 25번사 321, 2올로 크로스 스티치를 수놓아 달아 줍니다.

8 핀쿠션 만드는 방법은 34쪽에 있습니다.

9 가위 손잡이의 테두리는 DMC 25번사 321, 2올로 아웃라인 스티치를 수놓습니다

10 가위 손잡이는 DMC 25번사 321, 2올로 테두리를 감싸며 새틴 스티치를 수놓아 메워 줍니다.

11 가위 날의 테두리는 DMC 25번사 3895, 2올로 아웃라인 스티치를 수놓습니다.

12 가위 날은 DMC 25번사 3895, 2올로 롱 앤드 쇼트 스티치를 수놓아 메워 줍니다.

13 DMC 25번사 3822, 2올로 터슬을 만들어 줍니다. 태슬 만드는 방법과 고정시키는 방법은 31, 32쪽에 있습니다.

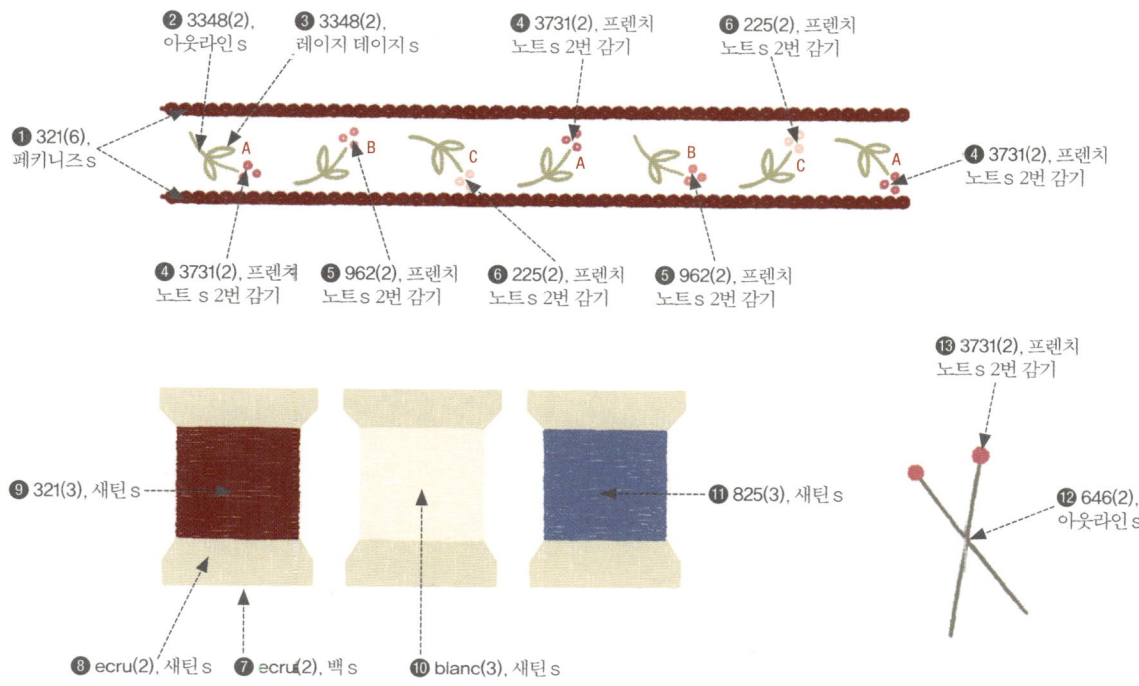

❷ 3348(2),
아웃라인 s

❸ 3348(2),
레이지 데이지 s

❹ 3731(2), 프렌치
노트 s 2번 감기

❻ 225(2), 프렌치
노트 s 2번 감기

❶ 321(6),
페키니즈 s

❹ 3731(2), 프렌치
노트 s 2번 감기

❹ 3731(2), 프렌쳐
노트 s 2번 감기

❺ 962(2), 프렌치
노트 s 2번 감기

❻ 225(2), 프렌치
노트 s 2번 감기

❺ 962(2), 프렌치
노트 s 2번 감기

❸ 3731(2), 프렌치
노트 s 2번 감기

❾ 321(3), 새틴 s

⓫ 825(3), 새틴 s

⓬ 646(2),
아웃라인 s

❽ ecru(2), 새틴 s

❼ ecru(2), 백 s

❿ blanc(3), 새틴 s

꽃 담&실패&시침핀

1 위쪽, 아래쪽의 긴 줄은 DMC 25번사 321, 6올로 페키
니즈 스티치를 수놓습니다.

2 줄기는 DMC 25번사 3348, 2올로 아웃라인 스티치를
수놓습니다.

3 잎은 DMC 25번사 3348, 2올로 레이지 데이지 스티치
를 수놓습니다.

4 A 꽃은 DMC 25번사 3731, 2올로 프렌치 노트 스티치
2번 감기하여 수놓습니다.

5 B 꽃은 DMC 25번사 962, 2올로 프렌치 노트 스티치
2번 감기하여 수놓습니다.

6 C 꽃은 DMC 25번사 225, 2올로 프렌치 노트 스티치
2번 감기하여 수놓습니다.

7 실패의 테두리는 DMC 25번사 ecru, 2올로 백 스티치
를 수놓습니다.

8 실패는 DMC 25번사 ecru, 2올로 터 두리를 감싸며 세
로 방향으로 새틴 스티치를 수놓아 게워 줍니다.

9 빨간색 실은 DMC 25번사 321, 3올로 가로 방향으로
새틴 스티치를 수놓아 메워 줍니다.

10 흰색 실은 DMC 25번사 blanc, 3올로 가로 방향으로
새틴 스티치를 수놓아 메워 줍니다.

11 파란색 실은 DMC 25번사 825, 3올로 가로 방향으로
새틴 스티치를 수놓아 메워 줍니다.

12 시침핀 대는 DMC 25번사 646, 2올로 아웃라인 스티
치를 수놓습니다.

13 시침핀 머리는 DMC 25번사 3731, 2올로 프렌치 노트
스티치 2번 감기하여 수놓습니다.

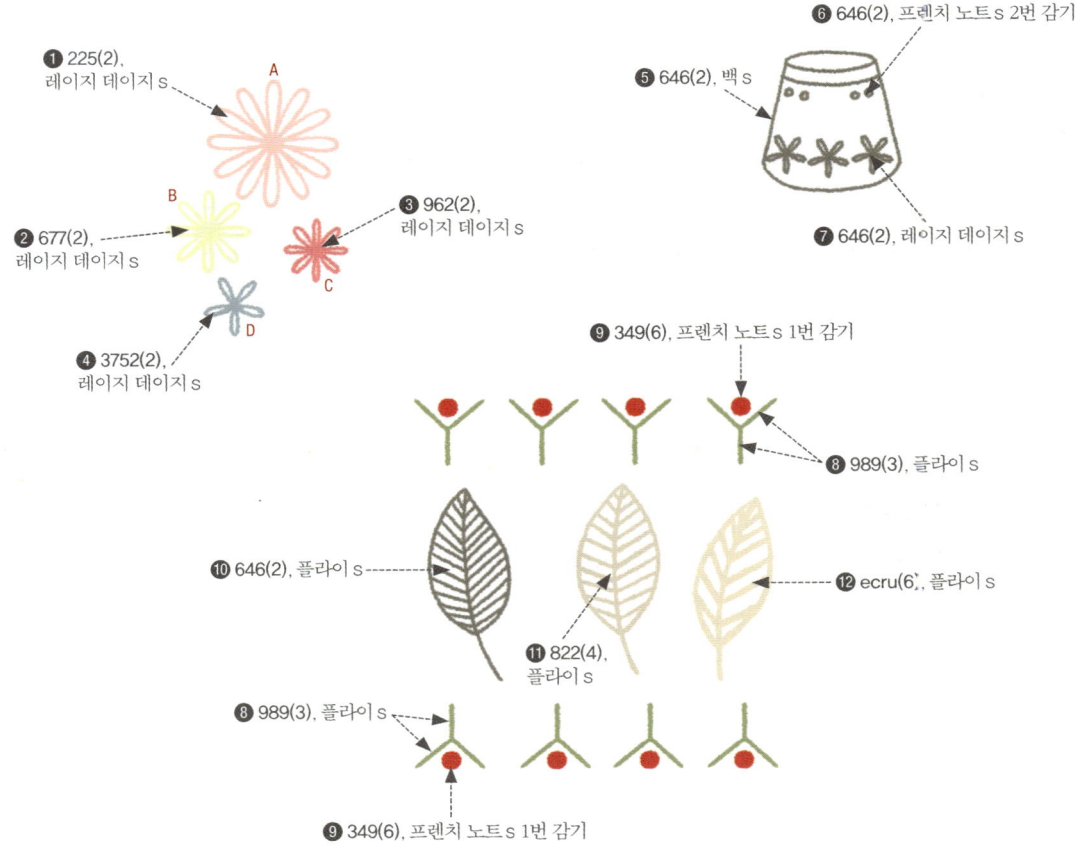

❶ 225(2), 레이지 데이지 s

❷ 677(2), 레이지 데이지 s

❸ 962(2), 레이지 데이지 s

❹ 3752(2), 레이지 데이지 s

❺ 646(2), 백 s

❻ 646(2), 프렌치 노트 s 2번 감기

❼ 646(2), 레이지 데이지 s

❾ 349(6), 프렌치 노트 s 1번 감기

❽ 989(3), 플라이 s

❿ 646(2), 플라이 s

⓬ ecru(6), 플라이 s

⓫ 822(4), 플라이 s

❽ 989(3), 플라이 s

❾ 349(6), 프렌치 노트 s 1번 감기

꽃&골무&스티치

1 A 꽃은 DMC 25번사 225, 2올로 레이지 데이지 스티치를 수놓습니다.

2 B 꽃은 DMC 25번사 677, 2올로 레이지 데이지 스티치를 수놓습니다.

3 C 꽃은 DMC 25번사 962, 2올로 레이지 데이지 스티치를 수놓습니다.

4 D 꽃은 DMC 25번사 3752, 2올로 레이지 데이지 스티치를 수놓습니다.

5 골무의 테두리는 DMC 25번사 646, 2올로 백 스티치를 수놓습니다.

6 골무 위쪽의 동그라미 무늬는 DMC 25번사 646, 2올로 프렌치 노트 스티치 2번 감기하여 수놓습니다.

7 골무 아래쪽의 꽃 무늬는 DMC 25번사 646, 2올로 레이지 데이지 스티치를 수놓습니다.

8 잎과 줄기 부분은 DMC 25번사 989, 3올로 플라이 스티치를 수놓습니다.

9 꽃봉오리 부분은 DMC 25번사 349, 6올로 프렌치 노트 스티치 1번 감기하여 수놓습니다.

10 왼쪽에 있는 나뭇잎은 DMC 25번사 646, 2올로 플라이 스티치를 수놓습니다.

11 가운데 있는 나뭇잎은 DMC 25번사 822, 4올로 플라이 스티치를 수놓습니다.

12 오른쪽에 있는 나뭇잎은 DMC 25번사 ecru, 6올로 플라이 스티치를 수놓습니다.

PANDA'S TIP 올 수를 줄여 가며 촘촘하게 플라이 스티치를 수놓아 주세요. 이 스티치는 잎 모양과 비슷해서 리프 스티치로 불리기도 합니다.

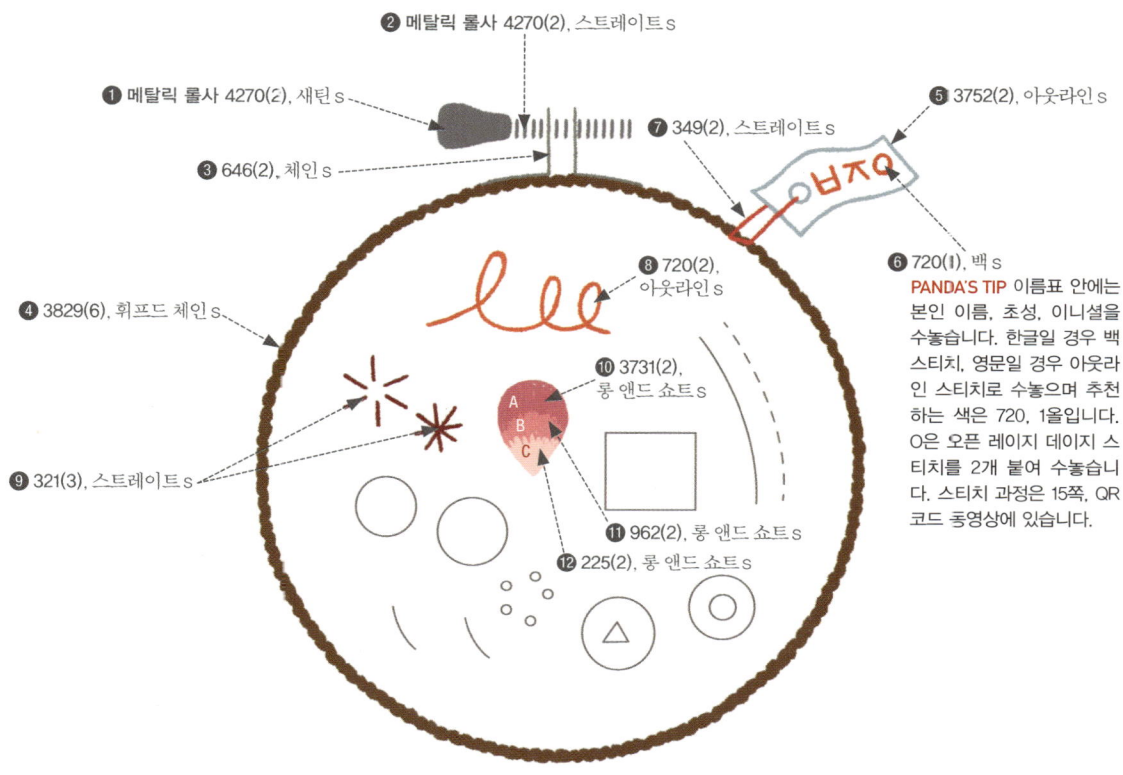

❷ 메탈릭 롤사 4270(2), 스트레이트 s

❶ 메탈릭 롤사 4270(2), 새틴 s

❸ 646(2), 체인 s

❺ 3752(2), 아웃라인 s

❼ 349(2), 스트레이트 s

❹ 3829(6), 휘프드 체인 s

❽ 720(2), 아웃라인 s

❿ 3731(2), 롱 앤드 쇼트 s

❻ 720(1), 백 s

PANDA'S TIP 이름표 안에는 본인 이름, 초성, 이니셜을 수놓습니다. 한글일 경우 백 스티치, 영문일 경우 아웃라인 스티치로 수놓으며 추천하는 색은 720, 1올입니다. ㅇ은 오픈 레이지 데이지 스티치를 2개 붙여 수놓습니다. 스티치 과정은 15쪽, QR 코드 동영상에 있습니다.

❾ 321(3), 스트레이트 s

⓫ 962(2), 롱 앤드 쇼트 s

⓬ 225(2), 롱 앤드 쇼트 s

수틀

1 수틀의 나사 머리는 DMC 메탈릭 롤사 4270, 2올로 새틴 스티치를 수놓아 메워 줍니다.

2 나사 몸통은 DMC 메탈릭 롤사 4270, 2올로 스트레이트 스티치를 수놓습니다.

3 수틀 조임새는 DMC 25번사 646, 2올로 체인 스티치를 수놓습니다.

4 수틀은 DMC 25번사 3829, 6올로 휘프드 체인 스티치를 수놓습니다.

5 이름표는 DMC 25번사 3752, 2올로 아웃라인 스티치를 수놓습니다.

6 ㅂㅈㅇ은 DMC 25번사 720, 1올로 백 스티치를 수놓습니다.

7 이름표 끈은 DMC 25번사 349, 2올로 스트레이트 스티치를 수놓습니다.

8 꼬인 선은 DMC 25번사 720, 2올로 아웃라인 스티치를 수놓습니다.

9 꽃 모양의 선은 DMC 25번사 321, 3올로 스트레이트 스티치를 짧게, 길게 수놓습니다.

10 A 꽃잎은 DMC 25번사 3731, 2올로 롱 앤드 쇼트 스티치를 수놓아 메워 줍니다.

11 B 꽃잎은 DMC 25번사 962, 2올로 롱 앤드 쇼트 스티치를 수놓아 메워 줍니다.

12 C 꽃잎은 DMC 25번사 225, 2올로 롱 앤드 쇼트 스티치를 수놓아 메워 줍니다.

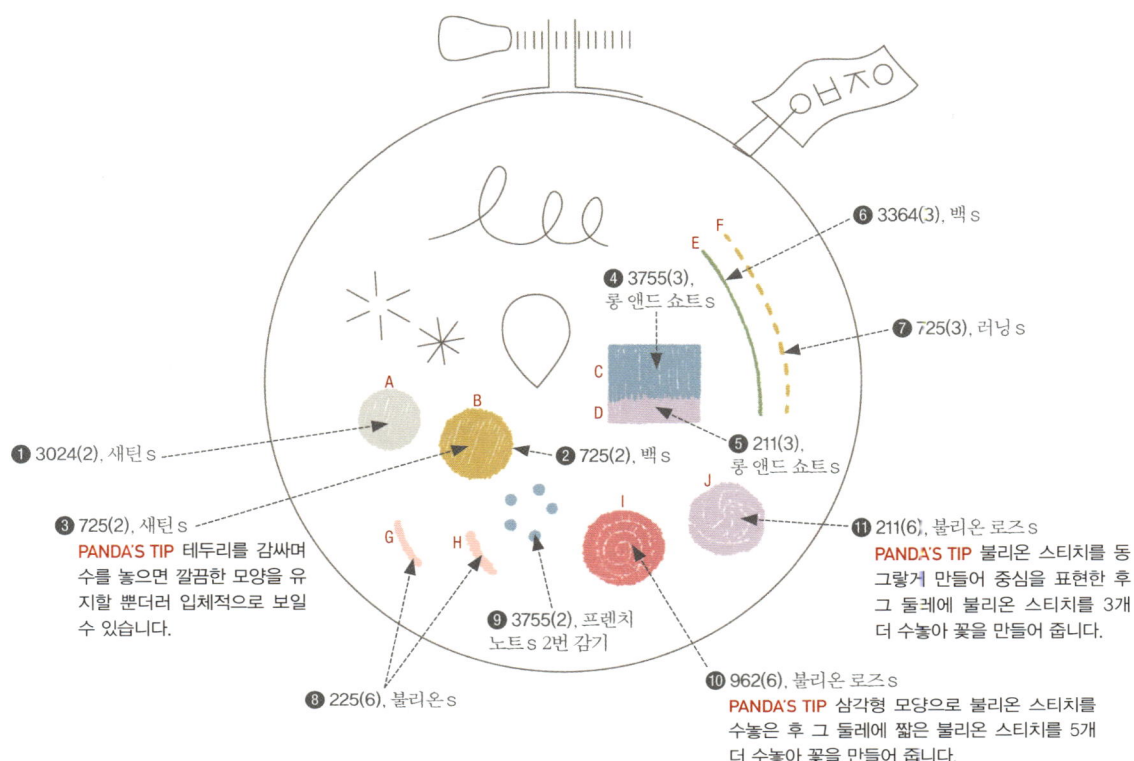

❶ 3024(2), 새틴 s

❷ 725(2), 백 s

❸ 725(2), 새틴 s
PANDA'S TIP 테두리를 감싸며 수를 놓으면 깔끔한 모양을 유지할 뿐더러 입체적으로 보일 수 있습니다.

❹ 3755(3), 롱 앤드 쇼트 s

❺ 211(3), 롱 앤드 쇼트 s

❻ 3364(3), 백 s

❼ 725(3), 러닝 s

❽ 225(6), 불리온 s

❾ 3755(2), 프렌치 노트 s 2번 감기

❿ 962(6), 불리온 로즈 s
PANDA'S TIP 삼각형 모양으로 불리온 스티치를 수놓은 후 그 둘레에 짧은 불리온 스티치를 5개 더 수놓아 꽃을 만들어 줍니다.

⓫ 211(6), 불리온 로즈 s
PANDA'S TIP 불리온 스티치를 동그랗게 만들어 중심을 표현한 후 그 둘레에 불리온 스티치를 3개 더 수놓아 꽃을 만들어 줍니다.

수틀

1 A 원은 DMC 25번사 3024, 2올로 새틴 스티치를 수놓아 메워 줍니다.

2 B 원의 테두리는 DMC 25번사 725, 2올로 백 스티치를 수놓습니다.

3 B 원은 DMC 25번사 725, 2올로 테두리를 감싸며 새틴 스티치를 수놓아 메워 줍니다.

4 C 네모는 DMC 25번사 3755, 3올로 롱 앤드 쇼트 스티치를 수놓아 메워 줍니다.

5 D 네모는 DMC 25번사 211, 3올로 롱 앤드 쇼트 스티치를 수놓아 메워 줍니다.

6 E 선은 DMC 25번사 3364, 3올로 백 스티치를 수놓습니다.

7 F 선은 DMC 25번사 725, 3올로 러닝 스티치를 수놓습니다.

8 G, H 선은 DMC 25번사 225, 6올로 불리온 스티치를 수놓습니다.

9 동그라미는 DMC 25번사 3755, 2올로 프렌치 노트 스티치 2번 감기하여 수놓습니다.

10 I 장미는 DMC 25번사 962, 6올로 불리온 로즈 스티치를 수놓습니다.

11 J 장미는 DMC 25번사 211, 6올로 불리온 로즈 스티치를 수놓습니다.

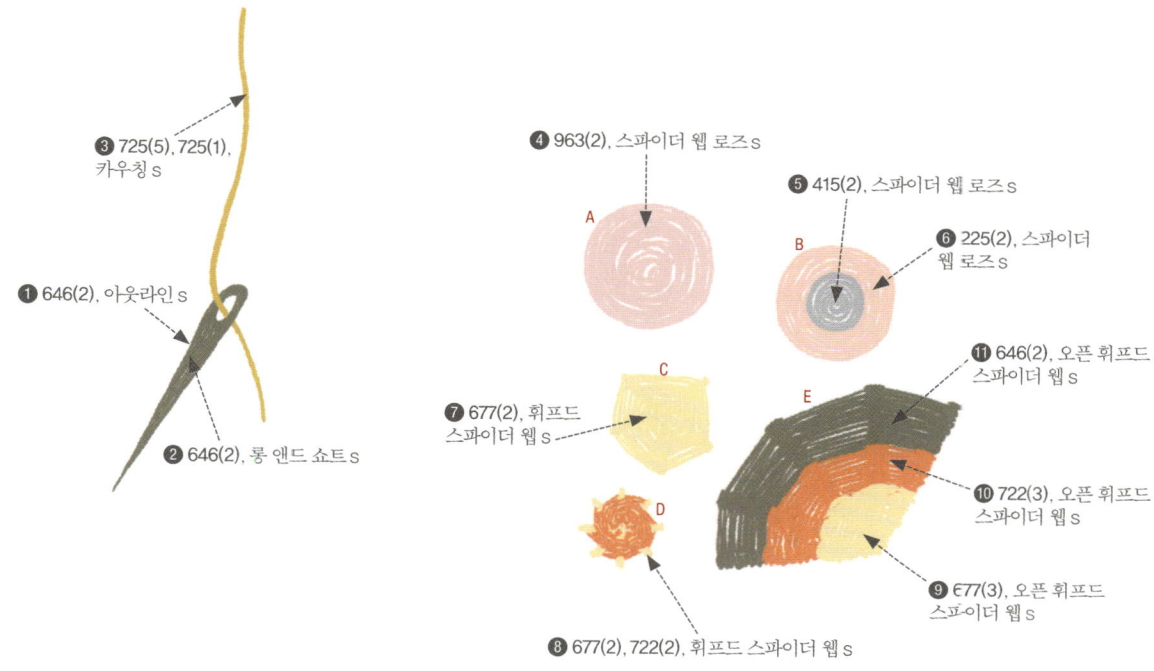

❸ 725(5), 725(1),
카우칭 s

❹ 963(2), 스파이더 웹 로즈 s

A

❺ 415(2), 스파이더 웹 로즈 s

B

❻ 225(2), 스파이더
웹 로즈 s

❶ 646(2), 아웃라인 s

❶❶ 646(2), 오픈 휘프드
스파이더 웹 s

E

❼ 677(2), 휘프드
스파이더 웹 s

C

❷ 646(2), 롱 앤드 쇼트 s

❶⓪ 722(3), 오픈 휘프드
스파이더 웹 s

D

❾ 677(3), 오픈 휘프드
스파이더 웹 s

❽ 677(2), 722(2), 휘프드 스파이더 웹 s

바늘 & 장미 & 거미줄

1 바늘 테두리는 DMC 25번사 646, 2올로 아웃라인 스
   티치를 수놓습니다.

2 바늘은 DMC 25번사 646, 2올로 롱 앤드 쇼트 스티치
   를 수놓아 메워 줍니다.

3 밑실은 DMC 25번사 725, 5올, 윗실은 725, 1올로 카
   우칭 스티치를 수놓습니다.

4 A 장미는 DMC 25번사 963, 2올로 스파이더 웹 로즈
   스티치를 수놓습니다.

5 B 장미의 안쪽 꽃잎은 DMC 25번사 415, 2올로 스파
   이더 웹 로즈 스티치를 수놓습니다.

6 B 장미의 바깥쪽 꽃잎은 DMC 25번사 225, 2올로 스
   파이더 웹 로즈 스티치를 수놓습니다.

7 C 거미줄은 DMC 25번사 677, 2올로 휘프드 스파이더
   웹 스티치를 수놓습니다.

8 D 거미줄의 기둥은 DMC 25번사 677, 2올, 거미줄은
   722, 2올로 휘프드 스파이더 웹 스티치를 수놓습니다.

9 E 거미줄의 가장 안쪽 부분은 DMC 25번사 677, 3올
   로 오픈 휘프드 스파이더 웹 스티치를 수놓습니다.

10 E 거미줄의 중간 부분은 DMC 25번사 722, 3올로 오
    픈 휘프드 스파이더 웹 스티치를 수놓습니다.

11 E 거미줄의 바깥쪽 부분은 DMC 25번사 646, 2올로
    오픈 휘프드 스파이더 웹 스티치를 수놓습니다.

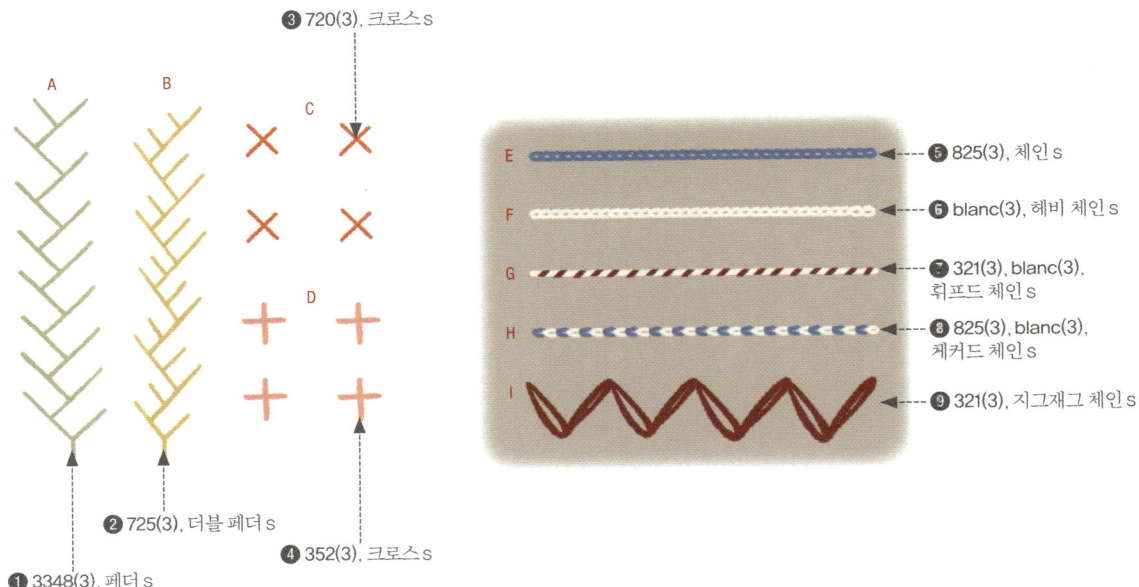

❸ 720(3), 크로스 s

❺ 825(3), 체인 s

❻ blanc(3), 헤비 체인 s

❼ 321(3), blanc(3), 휘프드 체인 s

❽ 825(3), blanc(3), 체커드 체인 s

❾ 321(3), 지그재그 체인 s

❷ 725(3), 더블 페더 s

❹ 352(3), 크로스 s

❶ 3348(3), 페더 s

스티치 연습

1 A 선은 DMC 25번사 3348, 3올로 페더 스티치를 수놓습니다.

2 B 선은 DMC 25번사 725, 3올로 더블 페더 스티치를 수놓습니다.
   PANDA'S TIP 더블 페더 스티치 수놓는 과정은 29쪽, QR코드 동영상에 있습니다.

3 C는 DMC 25번사 720, 3올로 X모양의 크로스 스티치를 수놓습니다.

4 D는 DMC 25번사 352, 3올로 +모양의 크로스 스티치를 수놓습니다.

5 E 선은 DMC 25번사 825, 3올로 체인 스티치를 수놓습니다.

6 F 선은 DMC 25번사 blanc, 3올르 헤비 체인 스티치를 수놓습니다.

7 G 선은 DMC 25번사 321, 3올과 blanc, 3올로 휘프드 체인 스티치를 수놓습니다. 이때 감는 실은 321을 사용합니다.

8 H 선은 DMC 25번사 825, 3올과 blanc, 3올로 체커드 체인 스티치를 수놓습니다.

9 I 선은 DMC 25번사 321, 3올로 지그재그 체인 스티치를 수놓습니다.
   PANDA'S TIP 지그재그 체인 스티치 수놓는 과정은 25쪽, QR코드 동영상에 있습니다.

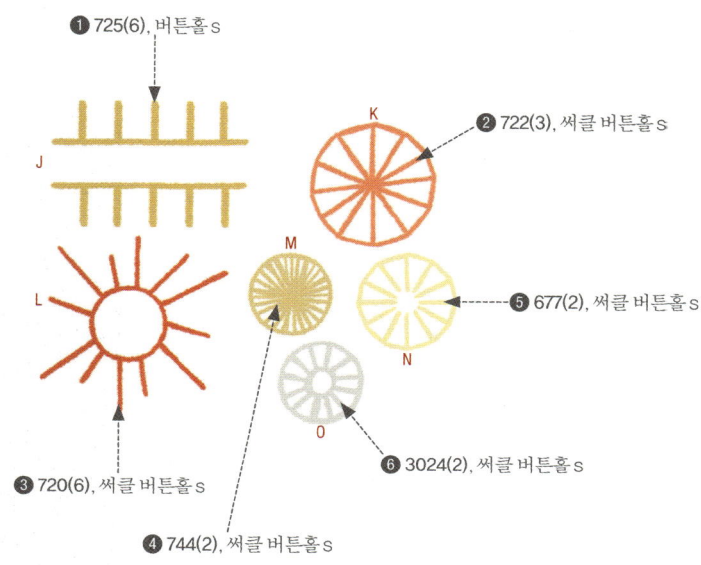

❶ 725(6), 버튼홀 s

❷ 722(3), 써클 버튼홀 s

❺ 677(2), 써클 버튼홀 s

❻ 3024(2), 써클 버튼홀 s

❸ 720(6), 써클 버튼홀 s

❹ 744(2), 써클 버튼홀 s

스티치 연습

1 J는 DMC 25번사 725, 6올로 버튼홀 스티치를 수놓습니다.

2 K는 DMC 25번사 722, 3올로 써클 버튼홀 스티치를 수놓습니다.

3 L은 DMC 25번사 720, 6올로 써클 버튼홀 스티치를 수놓습니다.

4 M은 DMC 25번사 744, 2올로 써클 버튼홀 스티치를 수놓습니다.

5 N은 DMC 25번사 677, 2올로 써클 버튼홀 스티치를 수놓습니다.

6 O는 DMC 25번사 3024, 2올로 써클 버튼홀 스티치를 수놓습니다.

요리를 합시다

요 리 를   합시다

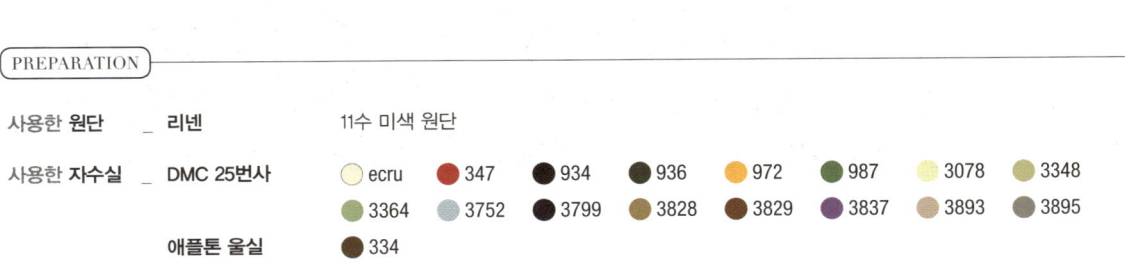

| PREPARATION |

| 사용한 **원단** | _ | 리넨 | 11수 미색 원단 |

| 사용한 **자수실** | _ | DMC 25번사 |

○ ecru　● 347　● 934　● 936　● 972　● 987　○ 3078　● 3348
● 3364　● 3752　● 3799　● 3828　● 3829　● 3837　● 3893　● 3895

애플톤 울실　　● 334

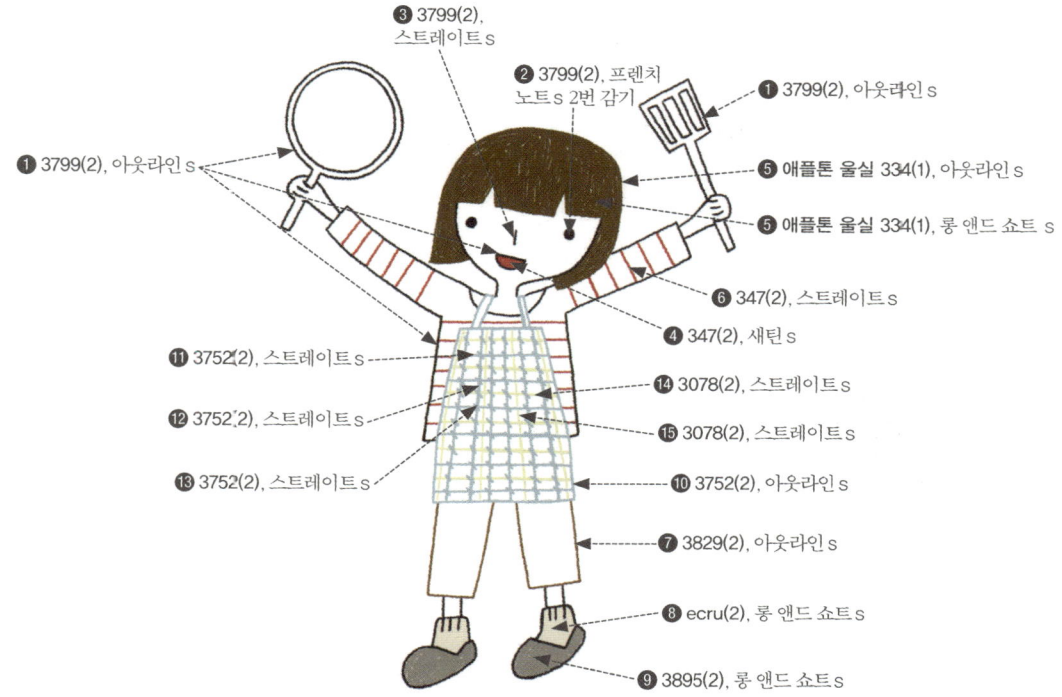

❸ 3799(2),
스트레이트 s

❷ 3799(2), 프렌치
노트 s 2번 감기

❶ 3799(2), 아웃라인 s

❶ 3799(2), 아웃라인 s

❺ 애플톤 울실 334(1), 아웃라인 s

❺ 애플톤 울실 334(1), 롱 앤드 쇼트 s

❻ 347(2), 스트레이트 s

❹ 347(2), 새틴 s

❶❶ 3752(2), 스트레이트 s

❶❷ 3752(2), 스트레이트 s

❶❸ 3752(2), 스트레이트 s

❶❹ 3078(2), 스트레이트 s

❶❺ 3078(2), 스트레이트 s

❶⓪ 3752(2), 아웃라인 s

❼ 3829(2), 아웃라인 s

❽ ecru(2), 롱 앤드 쇼트 s

❾ 3895(2), 롱 앤드 쇼트 s

요리사

1 진회색으로 칠한 모든 테두리, 입은 DMC 25번사 3799, 2올로 아웃라인 스티치 를 수놓습니다.

2 눈은 DMC 25번사 3799, 2올로 프렌치 노트 스티치 2 번 감기하여 수놓습니다.

3 코는 DMC 25번사 3799, 2올로 스트레이트 스티치를 수놓습니다.

4 입 속은 DMC 25번사 347, 2올로 새틴 스티치를 수놓아 메워 줍니다.

5 머리카락의 테두리는 애플톤 울실 334, 1올로 아웃라인 스티치를 수놓고, 그 안쪽의 머리카락도 애플톤 울실 334, 1올로 롱 앤드 쇼트 스티치를 수놓아 메워 줍니다.

6 티셔츠 줄무늬는 DMC 25번사 347, 2올로 스트레이트 스티치를 수놓습니다.

7 바지의 테두리는 DMC 25번사 3829, 2올로 아웃라인 스티치를 수놓습니다.

8 양말은 DMC 25번사 ecru, 2올로 롱 앤드 쇼트 스티치를 수놓아 메워 줍니다.

9 슬리퍼는 DMC 25번사 3895, 2올로 롱 앤드 쇼트 스티치를 수놓아 메워 줍니다.

10 앞치마의 테두리는 DMC 25번사 3752, 2올로 아웃라인 스티치를 수놓습니다.

11 앞치마의 하늘색 가로줄 무늬는 DMC 25번사 3752, 2올로 스트레이트 스티치를 가로 방향으로 수놓습니다.

12 앞치마의 하늘색 세로줄 무늬는 DMC 25번사 3752, 2올로 스트레이트 스티치를 가로 방향으로 수놓습니다.

13 앞치마의 하늘색 가로, 세로 줄무늬가 교차하는 곳에 DMC 25번사 3752, 2올로 스트레이트 스티치를 사선 방향으로 수놓습니다.

14 11번 과정에서 수놓은 스티치 밑어 DMC 25번사 3078, 2올로 가로 스트레이트 스티치를 나란히 수놓습니다.

15 12번 과정에서 수놓은 스티치 옆에 DMC 25번사 3078, 2올로 세로 스트레이트 스티치를 나란히 수놓습니다.

❶ 3799(2), 스트레이트 s

요 리 를 합 시 다

❹ 3364(2), 934(2), 프렌치 노트 s 2번 감기
PANDA'S TIP 2가지 실을 한꺼번에 바늘귀에
꿰지 않고 각각 따로 꿴 후 수놓습니다.

❷ 3348(2), 백 s

❸ 3348(2), 새틴 s

❼ 936(2), 아웃라인 s

❽ 936(2), 롱 앤드 쇼트 s

❺ 347(2), 아웃라인 s

❻ 347(2), 새틴 s

⓫ 3364(2), 새틴 s

❿ 972(2), 새틴 s

❾ 972(2), 아웃라인 s

브로콜리 & 토마토 & 파프리카

1 글자는 DMC 25번사 3799, 2올로 스트레이트 스티치
를 수놓습니다.
PANDA'S TIP O은 오픈 레이지 데이지 스티치를 2개 붙여 수놓습니
다. 스티치 과정은 15쪽, QR코드 동영상에 있습니다.

2 브로콜리 줄기의 테두리는 DMC 25번사 3348, 2올로
백 스티치를 수놓습니다.

3 브로콜리 줄기는 DMC 25번사 3348, 2올로 새틴 스티
치를 수놓아 메워 줍니다.

4 브로콜리 잎은 DMC 25번사 3364, 934를 각각 2올씩
따로 바늘귀에 꿴 후 프렌치 노트 스티치 2번 감기하여
수놓아 메워 줍니다.

5 토마토 몸통의 테두리는 DMC 25번사 347, 2올로 아
웃라인 스티치를 수놓습니다.

6 토마토 몸통은 DMC 25번사 347, 2올로 새틴 스티치
를 수놓아 메워 줍니다.

7 토마토 꼭지 테두리는 DMC 25번사 936, 2올로 아웃
라인 스티치를 수놓습니다.

8 토마토 꼭지와 꽃받침은 DMC 25번사 936, 2올로 롱
앤드 쇼트 스티치를 수놓아 메워 줍니다.

9 파프리카 몸통의 테두리는 DMC 25번사 972, 2올로
아웃라인 스티치를 수놓습니다.

10 파프리카는 DMC 25번사 972, 2올로 새틴 스티치를
수놓아 메워 줍니다.

11 파프리카 꼭지는 DMC 25번사 3364, 2올로 새틴 스티
치를 수놓아 메워 줍니다.

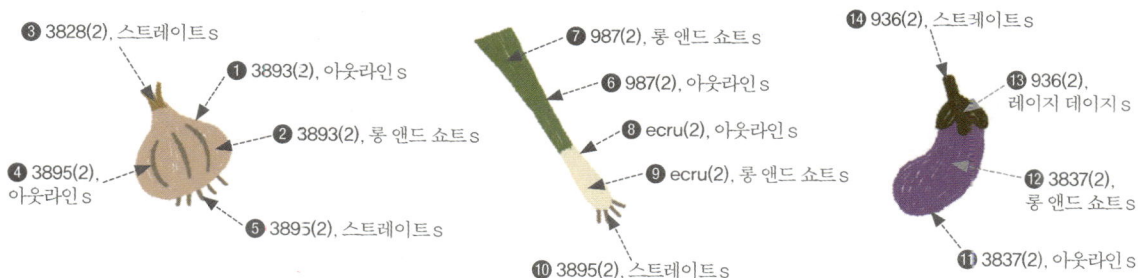

❸ 3828(2), 스트레이트 s
❶ 3893(2), 아웃라인 s
❷ 3893(2), 롱 앤드 쇼트 s
❹ 3895(2), 아웃라인 s
❺ 3895(2), 스트레이트 s

❼ 987(2), 롱 앤드 쇼트 s
❻ 987(2), 아웃라인 s
❽ ecru(2), 아웃라인 s
❾ ecru(2), 롱 앤드 쇼트 s
❿ 3895(2), 스트레이트 s

⑭ 936(2), 스트레이트 s
⑬ 936(2), 레이지 데이지 s
⑫ 3837(2), 롱 앤드 쇼트 s
⑪ 3837(2), 아웃라인 s

양파&대파&가지

1 양파의 테두리는 DMC 25번사 3828, 2올로 아웃라인 스티치를 수놓습니다.

2 양파는 DMC 25번사 3893, 2올로 롱 앤드 쇼트 스티치를 수놓아 메워 줍니다.

3 양파 꼭지는 DMC 25번사 3828, 2올로 스트레이트 스티치를 수놓습니다.

4 양파 몸통에 있는 선은 DMC 25번사 3895, 2올로 아웃라인 스티치를 수놓습니다.

5 양파 뿌리는 DMC 25번사 3895, 2올로 스트레이트 스티치를 수놓습니다.

6 대파 줄기의 테두리는 DMC 25번사 987, 2올로 아웃라인 스티치를 수놓습니다.

7 대파는 DMC 25번사 987, 2올로 롱 앤드 쇼트 스티치를 수놓아 메워 줍니다.

8 대파 흰색 부분의 테두리는 DMC 25번사 ecru, 2올로 아웃라인 스티치를 수놓습니다.

9 대파의 흰색 부분은 DMC 25번사 ecru, 2올로 롱 앤드 쇼트 스티치를 수놓아 메워 줍니다.

10 대파 뿌리는 DMC 25번사 3895, 2올로 스트레이트 스티치를 수놓습니다.

11 가지 몸통의 테두리는 DMC 25번사 3837, 2올로 아웃라인 스티치를 수놓습니다.

12 가지 몸통은 DMC 25번사 3837, 2올로 롱 앤드 쇼트 스티치를 수놓아 메워 줍니다.

13 가지 꽃받침은 DMC 25번사 936, 2올로 레이지 데이지 스티치를 수놓습니다.

14 가지 꼭지는 DMC 25번사 936, 2올로 스트레이트 스티치를 수놓아 메워 줍니다.

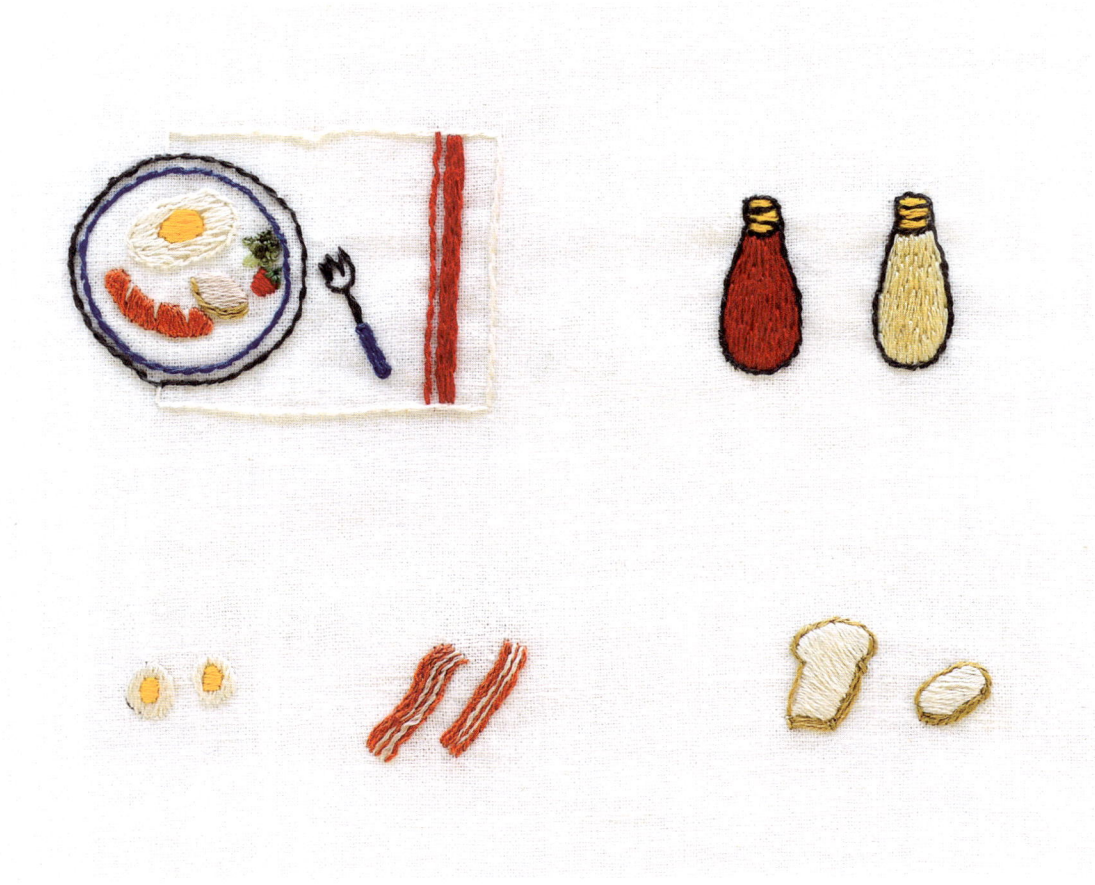

(PREPARATION)

사용한 **원단** _ **리넨**   11수 미색 원단

사용한 **자수실** _ DMC 25번사

⬤ ecru	⬤ 347	⬤ 825	⬤ 921	⬤ 936	⬤ 972	⬤ 987	⬤ 3348
⬤ 3364	⬤ 3799	⬤ 3823	⬤ 3828	⬤ 3893			

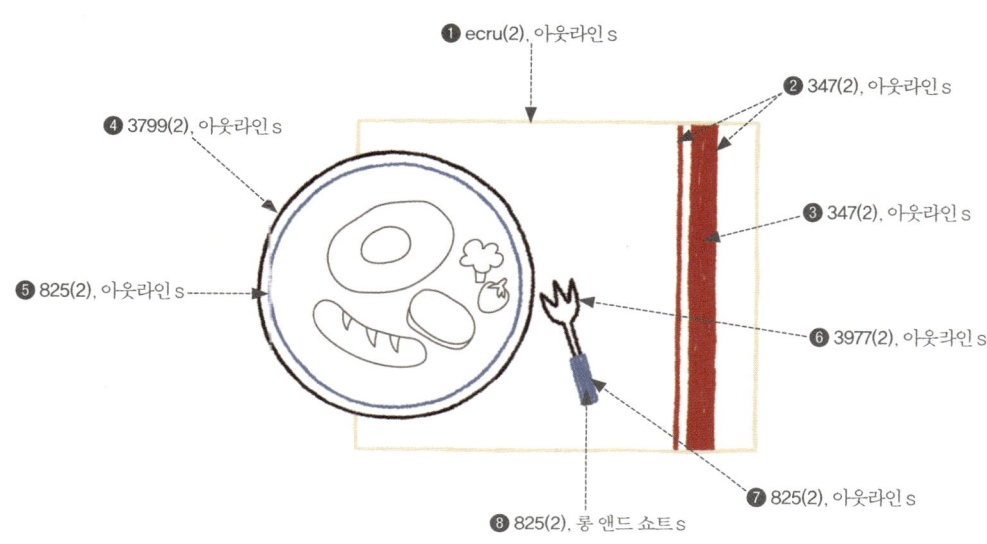

❶ ecru(2), 아웃라인 s

❷ 347(2), 아웃라인 s

❸ 347(2), 아웃라인 s

❹ 3799(2), 아웃라인 s

❺ 825(2), 아웃라인 s

❻ 3977(2), 아웃라인 s

❼ 825(2), 아웃라인 s

❽ 825(2), 롱 앤드 쇼트 s

테이블 매트 & 접시 & 포크

1 테이블 매트의 테두리는 DMC 25번사 ecru, 2올로 아웃라인 스티치를 수놓습니다.

2 테이블 매트의 줄무늬는 DMC 25번사 347, 2올로 아웃라인 스티치를 수놓습니다.

3 테이블 매트의 줄무늬 중 폭이 넓은 것은 DMC 25번사 347, 2올로 아웃라인 스티치를 수놓아 메워 줍니다.

4 접시의 테두리는 DMC 25번사 3799, 2올로 아웃라인 스티치를 수놓습니다.

5 접시의 줄무늬는 DMC 25번사 825, 2올로 아웃라인 스티치를 수놓습니다.

6 포크 날은 DMC 25번사 3799, 2올로 아웃라인 스티치를 수놓습니다.

7 포크 손잡이의 테두리는 DMC 25번사 825, 2올로 아웃라인 스티치를 수놓습니다.

8 포크 손잡이는 DMC 25번사 825, 2올로 롱 앤드 쇼트 스티치를 수놓아 메워 줍니다.

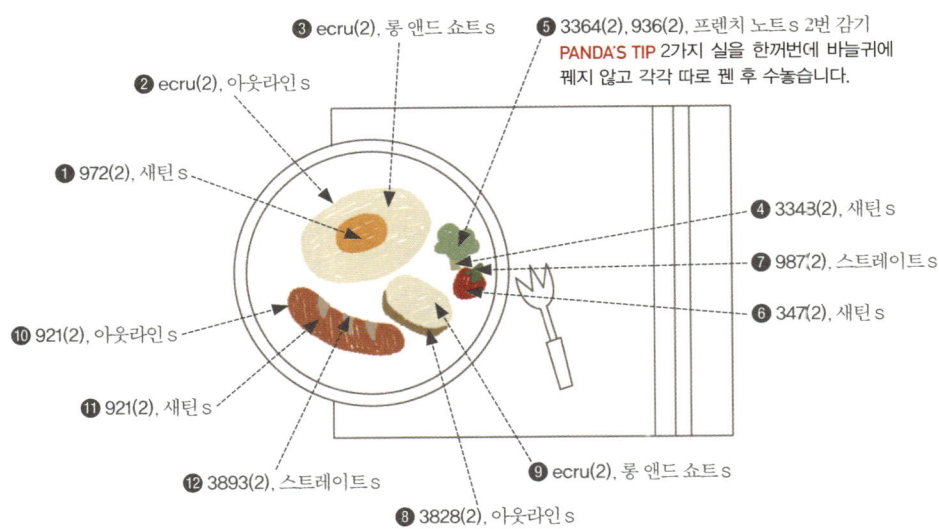

❸ ecru(2), 롱 앤드 쇼트 s

❺ 3364(2), 936(2), 프렌치 노트 s 2번 감기
PANDA'S TIP 2가지 실을 한꺼번에 바늘귀에
꿰지 않고 각각 따로 꿴 후 수놓습니다.

❷ ecru(2), 아웃라인 s

❶ 972(2), 새틴 s

❹ 3343(2), 새틴 s

❼ 987(2), 스트레이트 s

❻ 347(2), 새틴 s

❿ 921(2), 아웃라인 s

⓫ 921(2), 새틴 s

⓬ 3893(2), 스트레이트 s

❾ ecru(2), 롱 앤드 쇼트 s

❽ 3828(2), 아웃라인 s

브런치

1 달걀 노른자는 DMC 25번사 972, 2올로 새틴 스티치를 수놓아 메워 줍니다.

2 달걀 흰자의 테두리는 DMC 25번사 ecru, 2올로 아웃라인 스티치를 수놓습니다.

3 달걀 흰자는 DMC 25번사 ecru, 2올로 롱 앤드 쇼트 스티치를 수놓아 메워 줍니다.

4 브로콜리 줄기는 DMC 25번사 3348, 2올로 새틴 스티치를 수놓아 메워 줍니다.

5 브로콜리 잎은 각각 DMC 25번사 3364, 936를 각각 2올씩 따로 바늘귀에 꿴 후 프렌치 노트 스티치 2번 감기하여 수놓습니다.

6 방울토마토는 DMC 25번사 347, 2올로 새틴 스티치를 수놓아 메워 줍니다.

7 방울토마토 꼭지와 꽃받침은 DMC 25번사 987, 2올로 스트레이트 스티치를 수놓습니다.

8 바게트 껍질은 DMC 25번사 3828, 2올로 아웃라인 스티치를 수놓습니다.

9 바게트 속은 DMC 25번사 ecru, 2올로 롱 앤드 쇼트 스티치를 수놓습니다.

10 소시지의 테두리는 DMC 25번사 921, 2올로 아웃라인 스티치를 수놓습니다.

11 소시지는 DMC 25번사 921, 2올로 새틴 스티치를 수놓아 메워 줍니다.

12 소시지에 난 칼집 부분은 DMC 25번사 3893, 2올로 스트레이트 스티치를 수놓습니다.

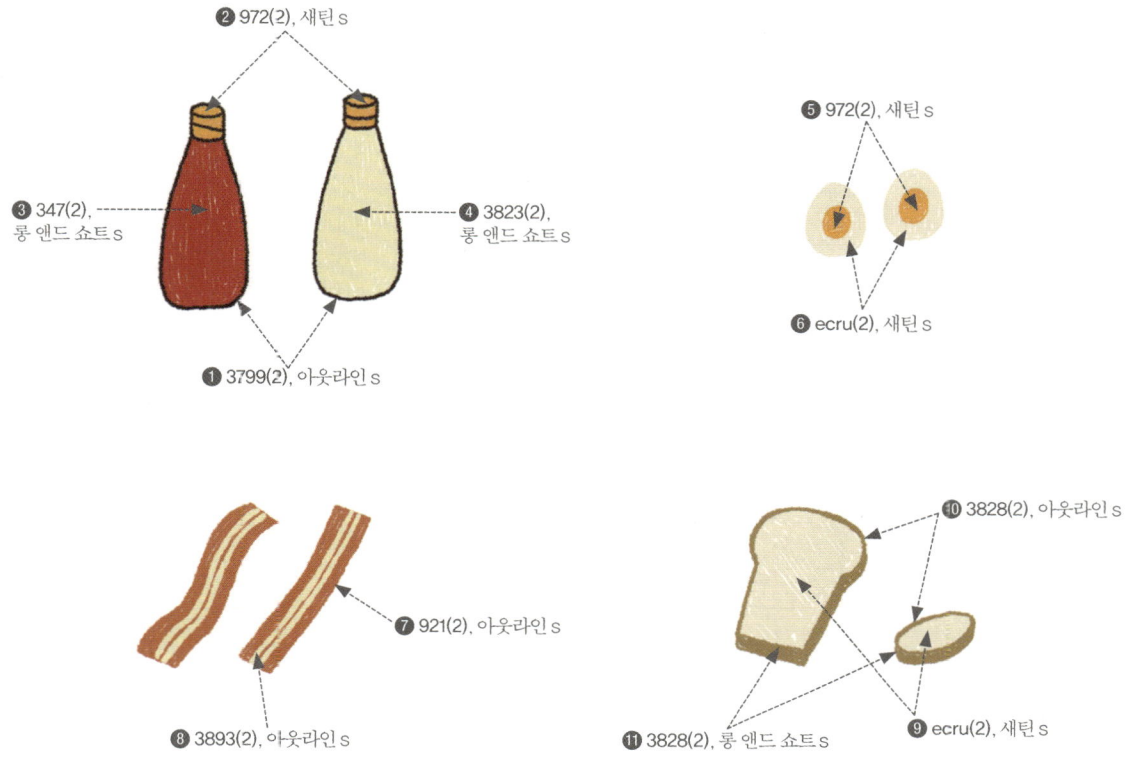

❷ 972(2), 새틴 s

❸ 347(2), 롱 앤드 쇼트 s

❹ 3823(2), 롱 앤드 쇼트 s

❶ 3799(2), 아웃라인 s

❺ 972(2), 새틴 s

❻ ecru(2), 새틴 s

❼ 921(2), 아웃라인 s

❽ 3893(2), 아웃라인 s

❿ 3828(2), 아웃라인 s

⓫ 3828(2), 롱 앤드 쇼트 s

❾ ecru(2), 새틴 s

케첩 & 마요네즈 & 달걀 & 베이컨 & 빵

1 케첩, 마요네즈의 테두리는 DMC 25번사 3799, 2올로 아웃라인 스티치를 수놓습니다.

2 뚜껑은 DMC 25번사 972, 2올로 새틴 스티치를 수놓아 메워 줍니다.

3 케첩은 DMC 25번사 347, 2올로 롱 앤드 쇼트 스티치를 수놓아 메워 줍니다.

4 마요네즈는 DMC 25번사 3823, 2올로 롱 앤드 쇼트 스티치를 수놓아 메워 줍니다.

5 달걀 노른자는 DMC 25번사 972, 2올로 새틴 스티치를 수놓아 메워 줍니다.

6 달걀 흰자는 DMC 25번사 ecru, 2올로 새틴 스티치를 수놓아 메워 줍니다.

7 베이컨의 살코기 부분은 DMC 25번사 921, 2올로 아웃라인 스티치를 수놓습니다.

8 베이컨의 지방 부분은 DMC 25번사 3893, 2올로 아웃라인 스티치를 수놓습니다.

9 식빵과 바게트 안쪽은 DMC 25번사 ecru, 2올로 새틴 스티치를 수놓아 메워 줍니다.

10 식빵과 바게트 껍질의 테두리는 DMC 25번사 3828, 2올로 아웃라인 스티치를 수놓습니다.

11 식빵과 바게트 껍질은 DMC 25번사 3828, 2올로 롱 앤드 쇼트 스티치를 수놓아 메워 줍니다.

안녕, 작은 아가야

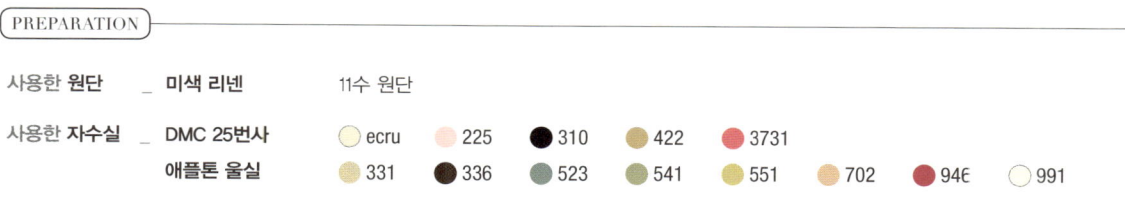

(PREPARATION)

사용한 **원단**	_ 미색 리넨	11수 원단			
사용한 **자수실**	_ DMC 25번사	○ ecru	○ 225	● 310	○ 422	● 3731
	애플톤 울실	● 331	● 336	● 523	● 541	● 551	● 702	● 94€	○ 991

① 애플톤 울실 991(4), 523(2),
휘프드 체인 s

② 애플톤 울실 702(2),
스파이더 웹 로즈 s

③ 애플톤 울실 331(2),
프렌치 노트 s 2번 감기

④ 애플톤 울실 541(2), 레이지 데이지 s

⑪ 422(2), 롱 앤드 쇼트 s

⑮ 애플톤 울실 946(2),
레이지 데이지 s

⑥ 310(2), 프렌치 노트 s 2번 감기

⑤ 310(2), 아웃라인 s

⑦ 310(2), 스트레이트 s

⑨ 422(2), 아웃라인 s

⑯ 애플톤 울실 946(2),
아웃라인 s

⑰ 애플톤 울실 331(2),
프렌치 노트 s 2번 감기

⑧ 310(2), 레이지 데이지 s

⑩ 422(2), 스트레이트 s

⑬ 310(2), 프렌치 노트 s
1번 감기

⑭ 225(2), 새틴 s

⑫ 310(2), 아웃라인 s

BGRO
Baby Girl

⑳ 애플톤 울실 551(1),
아웃라인 s

⑲ ecru(2), 프렌치 노트 s
2번 감기

⑱ ecru(2), 백 s

㉒ 3731(2), 러닝 s

2016 02.17
10:17am

2.9kg

㉑ 애플톤 울실 336(1)
아웃라인 s

탄생 액자

1 테두리는 애플톤 울실 991, 4올과 523, 2올로 휘프드 체인 스티치를 수놓습니다. 이때 감는 실은 523을 사용합니다.

2 꽃은 애플톤 울실 702, 2올로 스파이더 웹 로즈 스티치를 수놓아 메워 줍니다.

3 수술은 애플톤 울실 331, 2올로 프렌치 노트 2번 감기하여 수놓습니다.

4 잎은 애플톤 울실 541, 2올로 레이지 데이지 스티치를 수놓습니다.

5 검은색으로 칠한 황새의 테두리는 DMC 25번사 310, 2올로 아웃라인 스티치를 수놓습니다.

6 새의 눈은 DMC 25번사 310, 2올로 프렌치 노트 2번 감기하여 수놓습니다.

7 황새 목에 감긴 리본 끈은 DMC 25번사 310, 2올로 스트레이트 스티치를 2줄 수놓습니다.

8 황새 목의 리본은 DMC 25번사 310, 2올로 레이지 데이지 스티치를 수놓습니다.

9 황새 다리는 DMC 25번사 422, 2올로 아웃라인 스티치를 수놓습니다.

10 황새 발가락은 DMC 25번사 422, 2올로 스트레이트 스티치를 수놓습니다.

11 황새 부리는 DMC 25번사 422, 2올로 롱 앤드 쇼트 스티치를 수놓습니다.

12 검은색으로 칠한 아기의 테두리와 코, 입은 DMC 25번사 310, 2올로 아웃라인 스티치를 수놓습니다.

13 아기의 눈은 DMC 25번사 310, 2올로 프렌치 노트 스티치 1번 감기하여 수놓습니다.

14 포대기는 DMC 25번사 225, 2올로 새틴 스티치를 수놓습니다.

15 보자기 윗부분은 애플톤 울실 946, 2올로 레이지 데이지 스티치를 수놓습니다.

16 보자기 아랫부분은 애플톤 울실 946, 2올로 아웃라인 스티치를 수놓습니다.

17 아기 머리카락은 애플톤 울실 331, 2올로 프렌치 노트 스티치 2번 감기하여 수놓습니다.

18 구름, 풍선, 젖병, 턱받이, 고무 꼭지, 양말은 DMC 25번사 ecru, 2올로 백 스티치를 수놓습니다.

19 양말 목 부분은 DMC 25번사 ecru, 2올로 프렌치 노트 스티치 2번 감기하여 수놓습니다.

20 태명(Baro), 성별(Baby Girl)은 애플톤 울실 551, 1올로 아웃라인 스티치를 수놓습니다.

21 생년월일, 시간, 몸무게는 애플톤 울실 336, 1올로 아웃라인 스티치를 수놓습니다.

22 점선은 DMC 25번사 3731, 2올로 러닝 스티치를 수놓습니다.

A B C D E F G H I J K
L M N O P Q R S T U V
W X Y Z

Baby Girl
Baby Boy

1 2 3 4 5 6 7 8 9 0

am pm

kg

사용한 **원단** _ **미색 리넨**　　11수 원단

사용한 **자수실** _ **애플톤 울실**　　● 523　　● 555　　● 864　　● 946

❶ 애플톤 울실 946(1), 아웃라인 s

A B C D E F G H I J K
L M N O P Q R S T U V
W X Y Z

❷ 애플톤 울실 555(1), 아웃라인 s

Baby Girl
Baby Boy

❹ 애플톤 울실 523(1), 러닝 s

❸ 애플톤 울실 864(2), 아웃라인 s

1 2 3 4 5 6 7 8 9 0

am pm

kg

아기 수첩

1 알파벳은 애플톤 울실 946, 1올로 아웃라인 스티치를 수놓습니다.

2 Baby Girl, Baby Boy는 애플톤 울실 555, 1올로 아웃라인 스티치를 수놓습니다.

3 숫자, am, pm, kg은 애플톤 울실 864, 2올로 아웃라인 스티치를 수놓습니다.

4 점선은 애플톤 울실 523, 1올로 러닝 스티치로 수놓습니다.

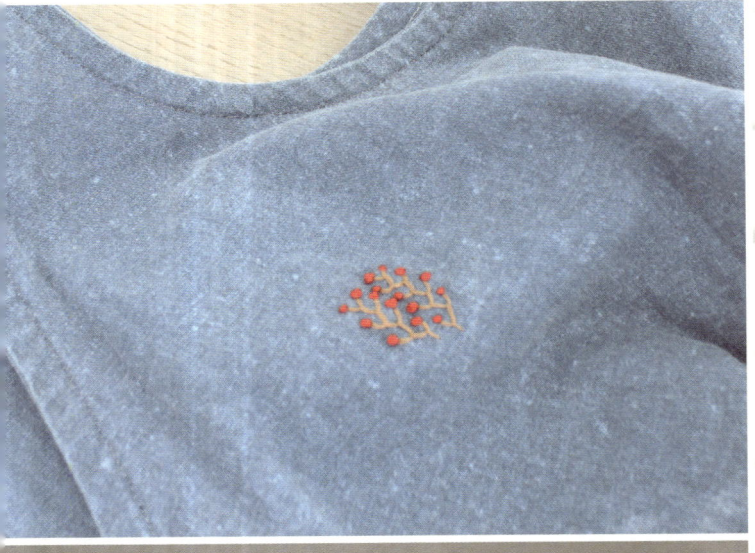

소담한 꽃 한 송이

 PREPARATION

사용한 **원단**	_	**리넨**	11수 그레이 컬러 원단

| 사용한 **자수실** | _ | DMC 25번사 |

211   225   747   972   3078   3364
3731   3866

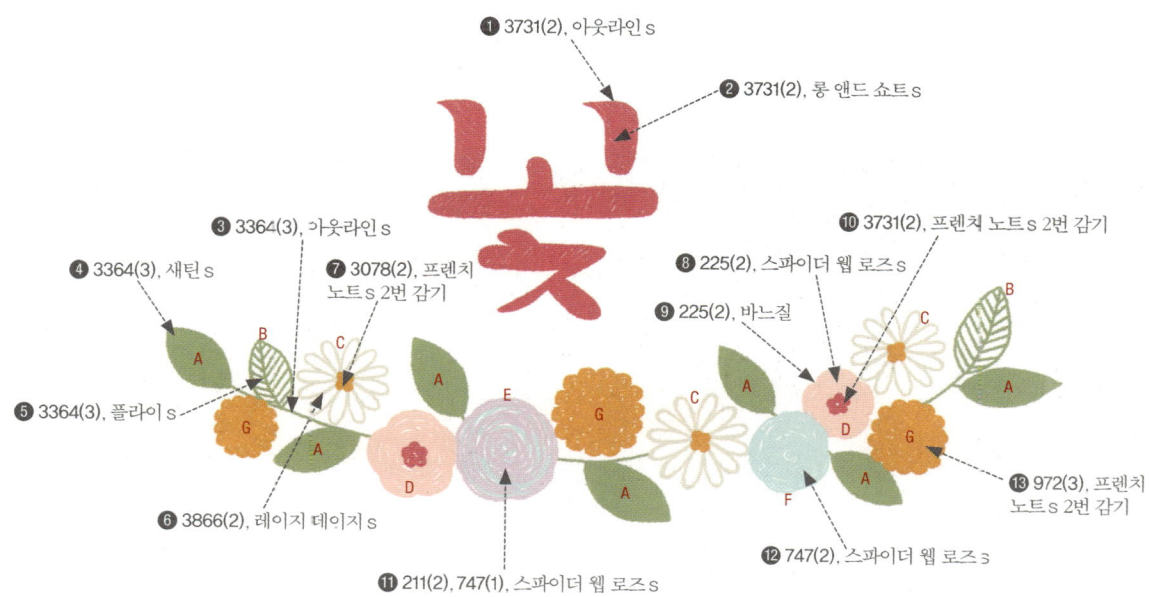

❶ 3731(2), 아웃라인 s

❷ 3731(2), 롱 앤드 쇼트 s

❸ 3364(3), 아웃라인 s

❹ 3364(3), 새틴 s

❼ 3078(2), 프렌치 노트 s 2번 감기

❿ 3731(2), 프렌치 노트 s 2번 감기

❽ 225(2), 스파이더 웹 로즈 s

❾ 225(2), 바느질

❺ 3364(3), 플라이 s

❻ 3866(2), 레이지 데이지 s

⓭ 972(3), 프렌치 노트 s 2번 감기

⓫ 211(2), 747(1), 스파이더 웹 로즈 s

⓬ 747(2), 스파이더 웹 로즈 s

꽃 & 글자

1 글자의 테두리는 DMC 25번사 3731, 2올로 아웃라인 스티치를 수놓습니다.

2 글자는 DMC 25번사 3731, 2올로 롱 앤드 쇼트 스티치를 수놓아 메워 줍니다.

3 줄기는 DMC 25번사 3364, 3올로 아웃라인 스티치를 수놓습니다.

4 A 잎은 DMC 25번사 3364, 3올로 새틴 스티치를 수놓아 메워 줍니다.

5 B 잎은 DMC 25번사 3364, 3올로 플라이 스티치를 수놓습니다.

6 C 꽃은 DMC 25번사 3866, 2올로 레이지 데이지 스티치를 수놓습니다.

7 C 꽃의 수술은 DMC 25번사 3078, 2올로 프렌치 노트 스티치 2번 감기하여 수놓습니다.

8 D 꽃은 DMC 25번사 225, 2올로 스파이더 웹 로즈 스티치를 수놓습니다.

9 33쪽을 참고하여 DMC 25번사 225, 2올로 꽃잎 모양을 만들어 줍니다.

10 D 꽃의 수술은 DMC 25번사 3731, 2올로 프렌치 노트 스티치 2번 감기하여 수놓습니다.

11 E 꽃은 DMC 25번사 211, 2올과 747, 1올로 스파이더 웹 로즈 스티치를 수놓습니다.

   PANDA'S TIP 211 2올, 747 1올을 한꺼번에 바늘귀에 꿰고 수를 놓아야 합니다.

12 F 꽃은 DMC 25번사 747, 2올로 스파이더 웹 로즈 스티치를 수놓습니다.

13 G 꽃은 DMC 25번사 972, 3올로 프렌치 노트 스티치 2번 감기하여 수놓아 메워 줍니다.

(PREPARATION)

| 사용한 **원단** | _ | 리넨 | 11수 그레이 컬러 원단 |

사용한 **자수실**	_	DMC 25번사	⬤ ecru	⬤ 211	⬤ 225	⬤ 347	⬤ 435	⬤ 701	⬤ 725	⬤ 747
			⬤ 989	⬤ 3041	⬤ 3042	⬤ 3078	⬤ 3347	⬤ 3354	⬤ 3364	⬤ 3753
			⬤ 3807	⬤ 3839						

| | | DMC 베리에이션사 | ⬤ 4215 |

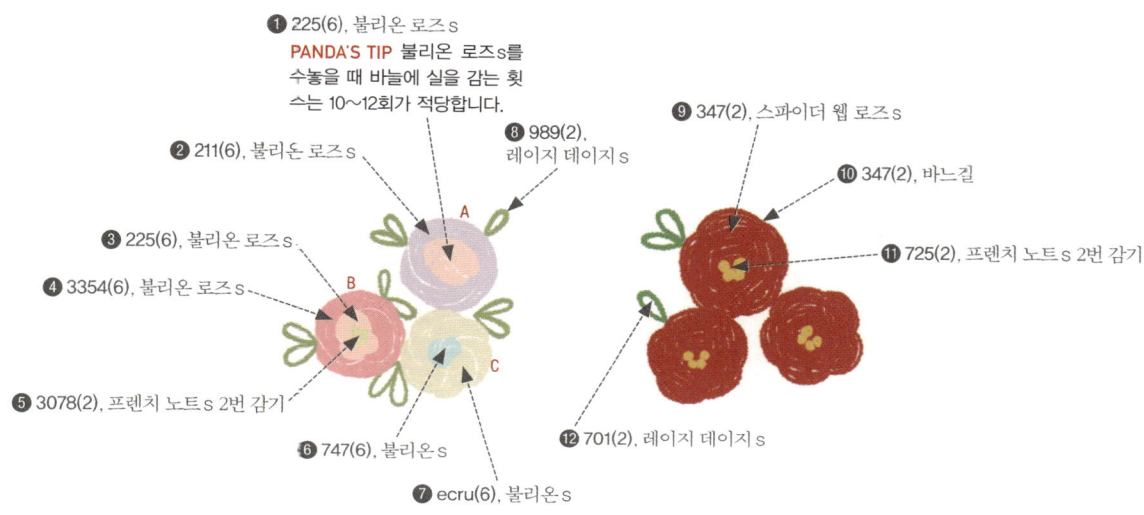

❶ 225(6), 불리온 로즈 s
PANDA'S TIP 불리온 로즈 s를
수놓을 때 바늘에 실을 감는 횟
수는 10~12회가 적당합니다.

❷ 211(6), 불리온 로즈 s

❸ 225(6), 불리온 로즈 s

❹ 3354(6), 불리온 로즈 s

❺ 3078(2), 프렌치 노트 s 2번 감기

❻ 747(6), 불리온 s

❼ ecru(6), 불리온 s

❽ 989(2), 레이지 데이지 s

❾ 347(2), 스파이더 웹 로즈 s

❿ 347(2), 바느길

⓫ 725(2), 프렌치 노트 s 2번 감기

⓬ 701(2), 레이지 데이지 s

장미 & 동백꽃

1 A 꽃의 안쪽은 DMC 25번사 225, 6올로 불리온 로즈 스티치를 수놓습니다.

2 A 꽃의 바깥쪽은 DMC 25번사 211, 6올로 불리온 로즈 스티치를 3개 수놓습니다.

3 B 꽃의 안쪽은 DMC 25번사 225, 6올로 불리온 로즈 스티치를 수놓습니다.

4 B 꽃의 바깥쪽은 DMC 25번사 3354, 6올로 불리온 로즈 스티치를 3개 수놓습니다

5 B 꽃의 수술은 DMC 25번사 3078, 2올로 프렌치 노트 스티치 2번 감기하여 3개 정도 수놓습니다.

6 C 꽃의 안쪽은 DMC 25번사 747, 6올로 불리온 스티치를 삼각형으로 수놓습니다.

7 C 꽃의 바깥쪽은 DMC 25번사 ecru. 6올로 불리온 스티치를 5개 수놓습니다.

8 장미의 잎은 DMC 25번사 989, 2올로 레이지 데이지 스티치를 수놓습니다.

9 동백꽃은 DMC 25번사 347, 2올로 스파이더 웹 로즈 스티치를 수놓습니다.

10 33쪽을 참고하여 DMC 25번사 347, 2올로 꽃잎 모양을 만들어 줍니다.

11 동백꽃 수술은 DMC 25번사 725, 2올로 프렌치 노트 스티치 2번 감기하여 3개 수놓습니다.

12 동백꽃 잎은 DMC 25번사 701, 2올로 레이지 데이지 스티치를 수놓습니다.

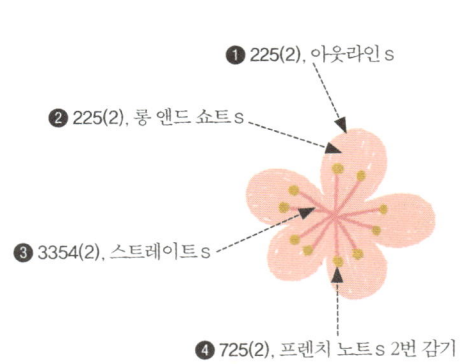

❶ 225(2), 아웃라인 s

❷ 225(2), 롱 앤드 쇼트 s

❸ 3354(2), 스트레이트 s

❹ 725(2), 프렌치 노트 s 2번 감기

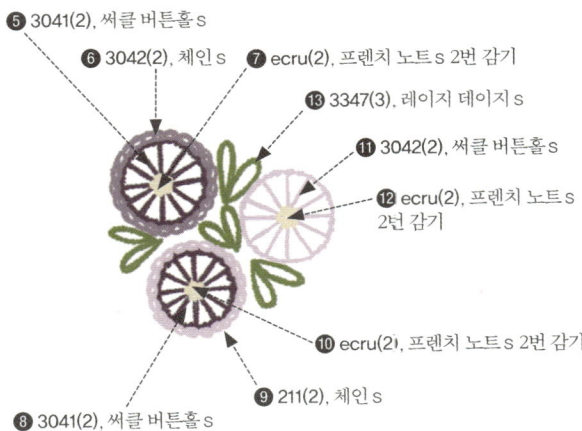

❺ 3041(2), 써클 버튼홀 s

❻ 3042(2), 체인 s

❼ ecru(2), 프렌치 노트 s 2번 감기

⓭ 3347(3), 레이지 데이지 s

⑪ 3042(2), 써클 버튼홀 s

⑫ ecru(2), 프렌치 노트 s 2번 감기

❿ ecru(2), 프렌치 노트 s 2번 감기

❾ 211(2), 체인 s

❽ 3041(2), 써클 버튼홀 s

벚꽃&접시꽃

1 벚꽃의 테두리는 DMC 25번사 225, 2올로 아웃라인 스티치를 수놓습니다.

2 벚꽃은 DMC 25번사 225, 2올로 롱 앤드 쇼트 스티치를 수놓아 메워 줍니다.

3 벚꽃의 수술대는 DMC 25번사 3354, 2올로 스트레이트 스티치를 수놓습니다.

4 벚꽃의 꽃밥은 DMC 25번사 725, 2올로 프렌치 노트 스티치 2번 감기하여 수놓습니다.

5 A 접시꽃은 DMC 25번사 3041, 2올로 써클 버튼홀 스티치를 수놓습니다.

6 A 접시꽃의 테두리는 DMC 25번사 3042, 2올로 체인 스티치를 수놓습니다.

7 A 접시꽃의 수술은 DMC 25번사 ecru, 2올로 프렌치 노트 스티치 2번 감기하여 5개 정도 수놓습니다.

8 B 접시꽃은 DMC 25번사 3041, 2올로 써클 버튼홀 스티치를 수놓습니다.

9 B 접시꽃의 테두리는 DMC 25번사 211, 2올로 체인 스티치를 수놓습니다.

10 B 접시꽃의 수술은 DMC 25번사 ecru, 2올로 프렌치 노트 스티치 2번 감기하여 5개 수놓습니다.

11 C 접시꽃은 DMC 25번사 3042, 2올로 써클 버튼홀 스티치를 수놓습니다.

12 C 접시꽃의 수술은 DMC 25번사 ecru, 2올로 프렌치 노트 스티치 2번 감기하여 5개 수놓습니다.

13 접시꽃의 잎은 DMC 25번사 3347, 3올로 레이지 데이지 스티치를 수놓습니다.

❷ 3753(2), 프렌치 노트 s 2번 감기

❶ 3807(2), 새틴 s

❸ 3839(1), 버튼홀 s

❹ 3364(2), 아웃라인 s

❺ 베리에이션사 4215(2), 프렌치 노트 s 2번 감기

❼ 3347(2), 플라이 s

❻ 3347(2), 아웃라인 s

❽ 435(3), 페더 s

❾ 347(4), 프렌치 노트 s 2번 감기

❿ ecru(2), 225(2), 더블 레이지 데이지 s

나팔꽃 & 수국 & 먼나무 가지 & 데이지

1 나팔꽃 꽃잎은 DMC 25번사 3807, 2올로 새틴 스티치를 수놓아 메워 줍니다.

2 나팔꽃 수술은 DMC 25번사 3753, 2올로 프렌치 노트 스티치 2번 감기하여 5개 정도 수놓습니다.

3 나팔꽃 꽃받침은 DMC 25번사 3839, 1올로 버튼홀 스티치를 수놓습니다.

4 나팔꽃 줄기는 DMC 25번사 3364, 2올로 아웃라인 스티치를 수놓습니다.

5 수국 꽃잎은 DMC 베리데이션사 4215, 2올로 프렌치 노트 스티치 2번 감기하여 수놓아 메워 줍니다.

6 수국 줄기는 DMC 25번사 3347, 2올로 아웃라인 스티치를 수놓습니다.

7 수국의 잎은 DMC 25번사 3347, 2올로 플라이 스티치를 수놓습니다.

8 먼나무 가지는 DMC 25번사 435, 3올로 페더 스티치를 수놓습니다.

9 먼나무 가지의 열매는 DMC 25번사 347, 4올로 프렌치 노트 스티치 2번 감기하여 수놓습니다.

10 데이지는 더블 레이지 데이지 스티치로 수놓습니다. 이때 바깥쪽 꽃잎은 DMC 25번사 ecru, 2올, 안쪽 꽃잎은 DMC 25번사 225, 2올로 수놓습니다.

EMBROIDERY CLASS
8th

라마의 즐거운 캠핑

PREPARATION

사용한 **원단** _ **리넨**   11수 옐로우 브라운 컬러 원단

사용한 **자수실** _ **DMC 25번사**   ● 310   ● 347   ● 720   ● 898   ● 919   ● 972   ● 3345   ● 3346
                                 ● 3364   ● 3818

             DMC 메탈릭 롤사   ● 4270
             애플톤 울실   ○ 991

나무&전구

1 A, B, D, F, G, I 나무 몸통의 테두리는 DMC 25번사 898, 2올로 아웃라인 스티치를 수놓습니다.

2 A, B, D, F, G, I 나무는 DMC 25번사 898, 2올로 롱 앤드 쇼트 스티치를 수놓아 메워 줍니다.

3 C, E, H, J 나무 몸통은 DMC 25번사 919, 2올로 새틴 스티치를 수놓아 메워 줍니다.

4 전구의 선은 DMC 메탈릭 톱사 4270, 2올로 아웃라인 스티치를 수놓습니다.

5 전구는 DMC 25번사 972, 2올로 레이지 데이지 스티치를 수놓습니다.

6 A 나무의 나뭇잎은 DMC 25번사 3818, 2올로 체인 스티치를 수놓습니다.

7 B 나무의 나뭇잎은 DMC 25번사 3345, 3올로 휘프드 백 스티치를 수놓습니다.

8 C 나무의 나뭇잎은 DMC 25번사 3346, 2올로 아웃라인 스티치를 수놓습니다.

9 D 나무의 나뭇잎은 DMC 25번사 3818, 4올로 버튼홀 스티치를 수놓습니다.

10 E 나무의 나뭇잎은 DMC 25번사 3818, 4올로 스트레이트 스티치를 수놓습니다.

11 F 나무의 나뭇잎은 DMC 25번사 3346, 4올로 코럴 스티치를 수놓습니다.

12 G 나무의 나뭇잎은 DMC 25번사 3818, 2올로 스트레이트 스티치를 수놓습니다.

13 H 나무의 나뭇잎은 DMC 25번사 3818, 2올로 새틴 스티치를 수놓아 메워 줍니다.

14 I 나무의 나뭇잎은 DMC 25번사 3364, 6올로 코럴 스티치를 수놓습니다.

15 J 나무의 나뭇잎은 DMC 25번사 3346, 2올로 새틴 스티치를 수놓아 메워 줍니다.

① 애플톤 울실 991(2), 백 s

② 애플톤 울실 991(2), 새틴 s

③ 애플톤 울실 991(2), 새틴 s

④ 310(2), 프렌치 노트 s 2번 감기

⑥ 애플톤 울실 991(2), 터키 s

⑦ 애플톤 울실 991(2), 터키 s

⑤ 310(2), 스트레이트 s

⑨ 터키 s 자르기

⑧ 애플톤 울실 991(2), 터키 s

PANDA'S TIP 터키 스티치로 라마 얼굴을 수놓는 방법은 다음과 같습니다.

⑥ 라마 얼굴의 털은 고리가 바깥쪽을 향하도록 수놓습니다.

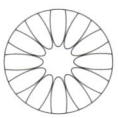

⑦ 이번에는 고리가 안쪽으로 향하도록 수놓습니다.

라마

1 라마 얼굴의 테두리는 애플톤 울실 991, 2올로 백 스티치를 수놓습니다.

2 라마 얼굴은 애플톤 울실 991, 2올로 새틴 스티치를 가로 방향으로 수놓아 메워 줍니다.

3 라마 얼굴을 다시 한 번 수놓겠습니다. 애플톤 울실 991, 2올로 테두리를 감싸며 새틴 스티치를 세로 방향으로 수놓아 메워 줍니다.

4 라마의 눈은 DMC 25번사 310, 2올로 프렌치 노트 스티치 2번 감기하여 수놓습니다.

5 라마의 코, 입은 DMC 25번사 310, 2올로 스트레이트 스티치를 수놓습니다.

6 라마 얼굴의 털은 애플톤 울실 991, 2올로 터키 스티치를 고리가 바깥쪽으로 향하도록 수놓습니다.

7 다시 한 번 라마 얼굴에 애플튼 울실 991, 2올로 터키 스티치를 고리가 안쪽으로 향하도록 수놓습니다.

8 라마 몸통에 있는 번호에 따라 애플톤 울실 991, 2올로 터키 스티치를 고리가 아래로 향하도록 한 줄씩 수놓습니다.

PANDA'S TIP 번호는 실물 도안에 있으니 참고하시기 바랍니다.

9 터키 스티치의 고리를 자른 후 라마 형태로 다듬어 줍니다.

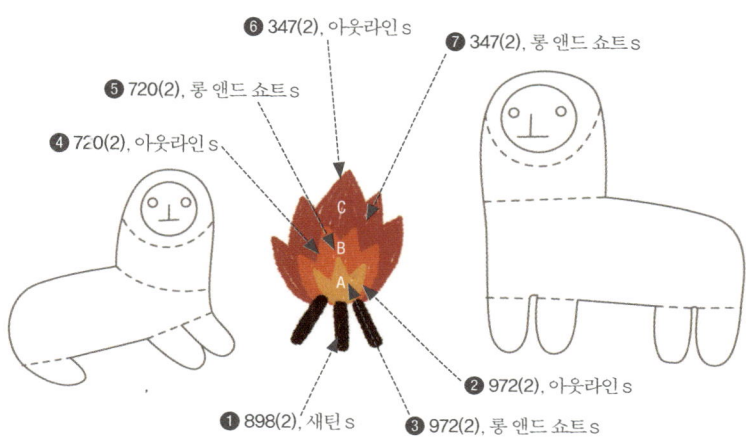

❻ 347(2), 아웃라인 s

❼ 347(2), 롱 앤드 쇼트 s

❺ 720(2), 롱 앤드 쇼트 s

❹ 720(2), 아웃라인 s

❷ 972(2), 아웃라인 s

❶ 898(2), 새틴 s

❸ 972(2), 롱 앤드 쇼트 s

모닥불

1 장작개비는 DMC 25번사 898, 2올로 새틴 스티치를 수놓습니다.

2 A 불꽃의 테두리는 DMC 25번사 972, 2올로 아웃라인 스티치를 수놓습니다.

3 A 불꽃은 DMC 25번사 972, 2올로 롱 앤드 쇼트 스티치를 수놓아 메워 줍니다.

4 B 불꽃의 테두리는 DMC 25번사 720, 2올로 아웃라인 스티치를 수놓습니다.

5 B 불꽃은 DMC 25번사 720, 2올로 롱 앤드 쇼트 스티치를 수놓아 메워 줍니다.

6 C 불꽃의 테두리는 DMC 25번사 347, 2올로 아웃라인 스티치를 수놓습니다.

7 C 불꽃은 DMC 25번사 347, 2올로 롱 앤드 쇼트 스티치를 수놓아 메워 줍니다.

알 록 달 록
꼬까 한복 입는 날

PREPARATION

| 사용한 **원단** | _ | **리넨** | 11수 화이트 컬러 원단 |

사용한 **자수실**   _   DMC 25번사   ○ ecru   ● 310   ● 321   ● 349   ● 745   ● 816   ● 915   ● 972

● 3326   ● 3799   ● 3808

DMC 메탈릭 롤사   ● 4024

애플톤 울실   ● 891

❹ 애플톤 울실 891(2), 터키 s

❺ 터키 s 자르기

❶ 310(2), 아웃라인 s

❷ 310(2), 롱 앤드 쇼트 s

❸ DMC 메탈릭 롤사 4024(2), 러닝 s

❽ 321(2), 체인 s

❼ ecru(2), 롱 앤드 쇼트 s

❻ ecru(2), 아웃라인 s

❾ 321(2), 스트레이트 s

배자&버선

1 배자의 테두리는 DMC 25번사 310, 2올로 아웃라인 스티치를 수놓습니다.

2 배자는 DMC 25번사 310, 2올로 롱 앤드 쇼트 스티치를 수놓아 메워 줍니다.

3 금사는 DMC 메탈릭 롤사 4024, 2올로 러닝 스티치를 수놓습니다.

4 배자의 장식 털은 애플톤 울실 891, 2올로 터키 스티치의 고리가 아래쪽을 향하도록 수놓아 메워 줍니다.

5 터키 스티치 고리를 가위로 잘라 장식 털의 모양을 다듬습니다.

6 버선의 테두리는 DMC 25번사 ecru, 2올로 아웃라인 스티치를 수놓습니다. 이때 무늬, 장식은 제외합니다.

7 버선은 DMC 25번사 ecru, 2올로 롱 앤드 쇼트 스티치를 수놓아 메워 줍니다.

8 버선 목 부분은 DMC 25번사 321, 2올로 체인 스티치를 수놓습니다.

9 버선 목 아래에 있는 선과 장식은 DMC 25번사 321, 2올로 스트레이트 스티치를 수놓습니다.

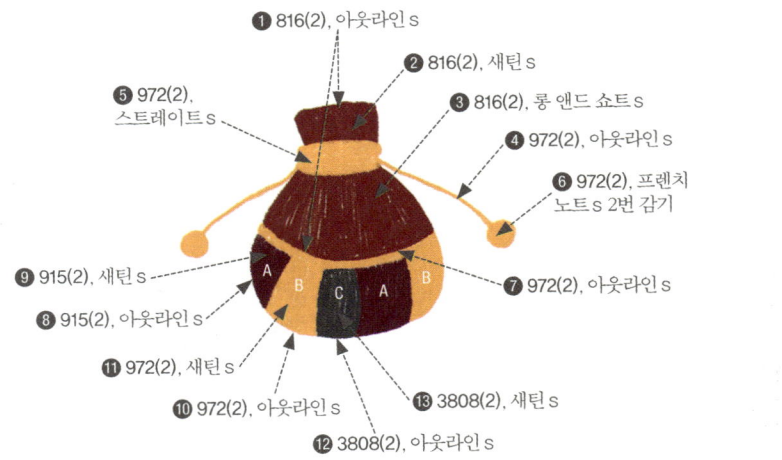

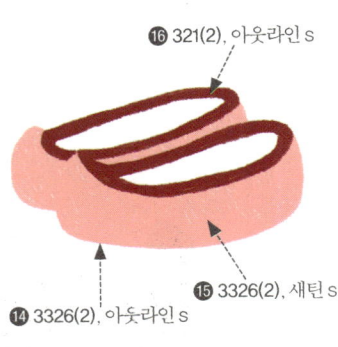

❶ 816(2), 아웃라인 s
❷ 816(2), 새틴 s
❸ 816(2), 롱 앤드 쇼트 s
❹ 972(2), 아웃라인 s
❺ 972(2), 스트레이트 s
❻ 972(2), 프렌치 노트 s 2번 감기
❼ 972(2), 아웃라인 s
❽ 915(2), 아웃라인 s
❾ 915(2), 새틴 s
❿ 972(2), 아웃라인 s
⓫ 972(2), 새틴 s
⓬ 3808(2), 아웃라인 s
⓭ 3808(2), 새틴 s
⓮ 3326(2), 아웃라인 s
⓯ 3326(2), 새틴 s
⓰ 321(2), 아웃라인 s

복주머니 & 꽃신

1 복주머니 입구와 몸통 테두리는 DMC 25번사 816, 2 올로 아웃라인 스티치를 수놓습니다.

2 복주머니 입구는 DMC 25번사 816, 2올로 새틴 스티 치를 수놓아 메워 줍니다.

3 복주머니 몸통 부분은 DMC 25번사 816, 2올로 롱 앤 드 쇼트 스티치를 수놓아 메워 줍니다.

4 끈은 DMC 25번사 972, 2올로 아웃라인 스티치를 수 놓습니다.

5 주머니 입구를 봉한 끈은 DMC 25번사 972, 2올로 스 트레이트 스티치를 3줄 수놓습니다.

6 끈에 달려 있는 매듭은 DMC 25번사 972, 2올로 프렌 치 노트 스티치 2번 감기하여 수놓습니다.

7 복주머니 가운데에 있는 경계선에 DMC 25번사 972, 2올로 아웃라인 스티치를 수놓습니다.

8 A의 테두리는 DMC 25번사 915, 2올로 아웃라인 스티 치를 수놓습니다.

9 A는 DMC 25번사 915, 2올로 새틴 스티치를 수놓아 메워 줍니다.

10 B의 테두리는 DMC 25번사 972, 2올로 아웃라인 스티 치를 수놓습니다.

11 B는 DMC 25번사 972, 2올로 새틴 스티치를 수놓아 메워 줍니다.

12 C의 테두리는 DMC 25번사 3808, 2올로 아웃라인 스 티치를 수놓습니다.

13 C는 DMC 25번사 3808, 2올로 새틴 스티치를 수놓아 메워 줍니다.

14 꽃신의 테두리는 DMC 25번사 3326, 2올로 아웃라인 스티치를 수놓습니다.

15 꽃신은 DMC 25번사 3326, 2올로 새틴 스티치를 수놓 아 메워 줍니다.

16 꽃신 윗부분은 DMC 25번사 321, 2올로 아웃라인 스 티치를 수놓습니다.

❸ 972(2), 레이지 데이지 s

❷ 310(2), 롱 앤드 쇼트 s

❶ 310(2), 아웃라인 s

❺ ecru(2), 프렌치 노트 s 2번 감기

❾ ecru(2), 새틴 s ❹ 972(2), 스트레이트 s

❽ 3799(2), 아웃라인 s

❻ 972(2), 아웃라인 s

❼ 972(2), 롱 앤드 쇼트 s

❶❻ 3808(2), 아웃라인 s

❶❼ 3808(2), 롱 앤드 쇼트 s

❶❷ 915(2), 아웃라인 s

❶❸ 915(2), 롱 앤드 쇼트 s

❶❹ 745(2), 아웃라인 s

❶❺ 745(2), 롱 앤드 쇼트 s

❶❶ 349(2), 아웃라인 s

❶❶ 349(2), 롱 앤드 쇼트 s

조바위 & 한복

1 장식을 제외한 조바위의 테두리는 DMC 25번사 310, 2올로 아웃라인 스티치를 수놓습니다.

2 조바위는 DMC 25번사 310, 2올로 롱 앤드 쇼트 스티치를 수놓아 메워 줍니다.

3 중앙에 있는 장식은 DMC 25번사 972, 2올로 레이지 데이지 스티치를 수놓습니다

4 장식 끈은 DMC 25번사 972, 2올로 스트레이트 스티치를 수놓습니다.

5 구슬 장식은 DMC 25번사 ecru, 2올로 프렌치 노트 스티치 2번 감기하여 수놓습니다.

6 저고리의 테두리는 DMC 25번사 972, 2올로 아웃라인 스티치를 수놓습니다.

7 저고리는 DMC 25번사 972, 2올로 롱 앤드 쇼트 스티치를 수놓아 메워 줍니다.

8 동정, 소매의 테두리는 DMC 25번사 3799, 2올로 아웃라인 스티치를 수놓습니다.

9 동정, 소매는 DMC 25번사 ecru, 2올로 새틴 스티치를 수놓아 메워 줍니다.

10 치마의 테두리는 DMC 25번사 349, 2올로 아웃라인 스티치를 수놓습니다.

11 치마는 DMC 25번사 349, 2올로 롱 앤드 쇼트 스티치를 수놓아 메워 줍니다.

12 깃의 테두리는 DMC 25번사 915, 2을로 아웃라인 스티치를 수놓습니다.

13 깃은 DMC 25번사 915, 2올로 롱 앤드 쇼트 스티치를 수놓아 메워 줍니다.

14 속치마 끈의 테두리는 DMC 25번사 745, 2올로 아웃라인 스티치를 수놓습니다.

15 속치마 끈은 DMC 25번사 745, 2올로 롱 앤드 쇼트 스티치를 수놓아 메워 줍니다.

16 옷고름의 테두리는 DMC 25번사 3808, 2올로 아웃라인 스티치를 수놓습니다.

17 옷고름은 DMC 25번사 3808, 2올로 롱 앤드 쇼트 스티치를 수놓아 메워 줍니다.

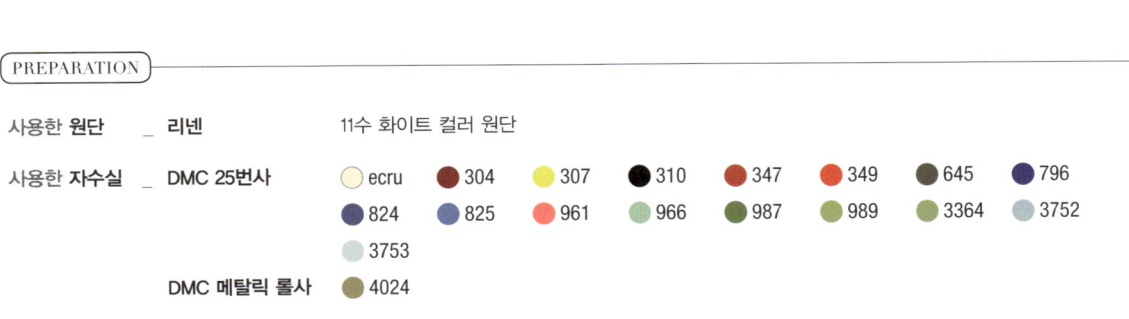

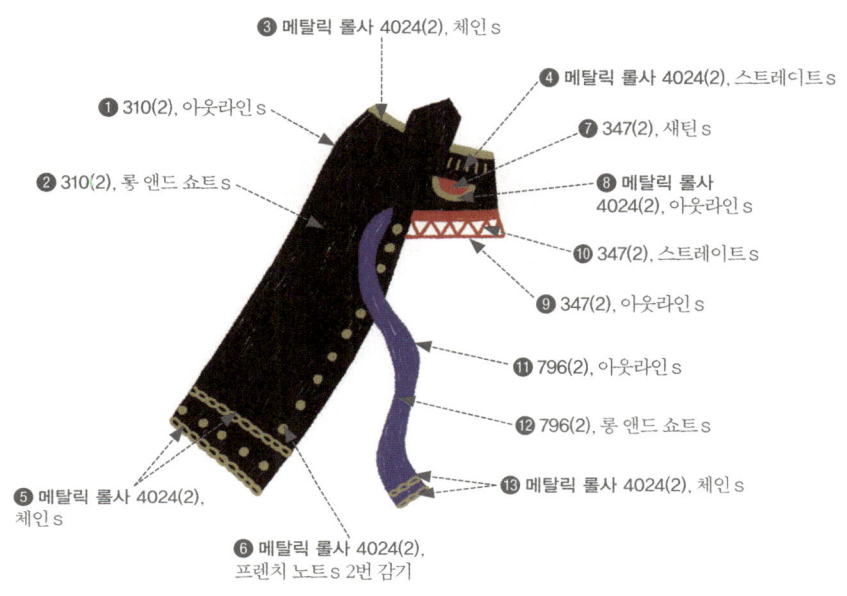

❸ 메탈릭 롤사 4024(2), 체인 s

❶ 310(2), 아웃라인 s

❹ 메탈릭 롤사 4024(2), 스트레이트 s

❼ 347(2), 새틴 s

❷ 310(2), 롱 앤드 쇼트 s

❽ 메탈릭 롤사 4024(2), 아웃라인 s

❿ 347(2), 스트레이트 s

❾ 347(2), 아웃라인 s

⓫ 796(2), 아웃라인 s

⓬ 796(2), 롱 앤드 쇼트 s

⓭ 메탈릭 롤사 4024(2), 체인 s

❺ 메탈릭 롤사 4024(2), 체인 s

❻ 메탈릭 롤사 4024(2), 프렌치 노트 s 2번 감기

호건

1 검은색으로 칠한 호건의 테두리는 DMC 25번사 310, 2올로 아웃라인 스티치를 수놓습니다.

2 호건은 DMC 25번사 310, 2올로 롱 앤드 쇼트 스티치를 수놓아 메워 줍니다.

3 머리 부분의 테두리는 DMC 메탈릭 롤사 4024, 2올로 체인 스티치를 수놓습니다.

4 머리 부분의 무늬는 DMC 메탈릭 롤사 4024, 2올로 스트레이트 스티치를 수놓습니다.

5 호건 뒷쪽의 끝 부분은 DMC 메탈릭 롤사 4024, 2올로 체인 스티치를 수놓습니다.

6 호건의 동그란 무늬는 DMC 메탈릭 롤사 4024, 2올로 프렌치 노트 스티치 2번 감기하여 수놓습니다.

7 호랑이 눈은 DMC 25번사 347, 2올로 새틴 스티치를 수놓아 메워 줍니다.

8 호랑이 눈 밑은 DMC 메탈릭 롤사 4024, 2올로 아웃라인 스티치를 수놓습니다.

9 호랑이 입은 DMC 25번사 347, 2올로 아웃라인 스티치를 수놓습니다.

10 호랑이 이빨은 DMC 25번사 347, 2올로 스트레이트 스티치를 수놓습니다.

11 끈의 테두리는 DMC 25번사 796, 2올로 아웃라인 스티치를 수놓습니다.

12 끈은 DMC 25번사 796, 2올로 롱 앤드 쇼트 스티치를 수놓아 메워 줍니다.

13 끈의 무늬는 DMC 메탈릭 롤사 4024, 2올로 체인 스티치를 수놓습니다.

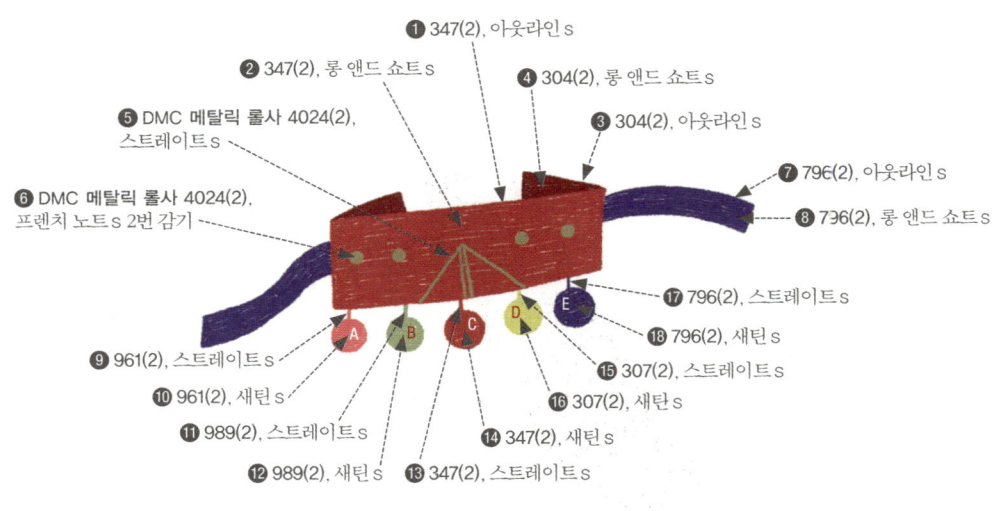

❶ 347(2), 아웃라인 s
❷ 347(2), 롱 앤드 쇼트 s
❺ DMC 메탈릭 롤사 4024(2),
　스트레이트 s
❻ DMC 메탈릭 롤사 4024(2),
　프렌치 노트 s 2번 감기
❹ 304(2), 롱 앤드 쇼트 s
❸ 304(2), 아웃라인 s
❼ 796(2), 아웃라인 s
❽ 796(2), 롱 앤드 쇼트 s
⓱ 796(2), 스트레이트 s
⓲ 796(2), 새틴 s
⓯ 307(2), 스트레이트 s
⓰ 307(2), 새틴 s
❾ 961(2), 스트레이트 s
❿ 961(2), 새틴 s
⓫ 989(2), 스트레이트 s
⓬ 989(2), 새틴 s
⓭ 347(2), 스트레이트 s
⓮ 347(2), 새틴 s

돌띠

1　겉감의 테두리는 DMC 25번사 347, 2올로 아웃라인
　스티치를 수놓습니다. 이때 안감과 방울을 잇는 끈은
　제외합니다.

2　겉감은 DMC 25번사 347, 2올로 롱 앤드 쇼트 스티치
　를 수놓아 메워 줍니다.

3　안감의 테두리는 DMC 25번사 304, 2올로 아웃라인
　스티치를 수놓습니다.

4　안감은 DMC 25번사 304, 2올로 롱 앤드 쇼트 스티치
　를 수놓아 메워 줍니다.

5　겉감에 있는 무늬는 DMC 메탈릭 롤사 4024, 2올로
　스트레이트 스티치를 수놓습니다.

6　겉감에 있는 동그란 무늬는 DMC 메탈릭 롤사 4024,
　2올로 프렌치 노트 스티치 2번 감기하여 수놓습니다.

7　끈의 테두리는 DMC 25번사 796, 2올로 아웃라인 스
　티치를 수놓습니다.

8　끈은 DMC 25번사 796, 2올로 롱 앤드 쇼트 스티치를
　수놓아 메워 줍니다.

9　A 방울의 끈은 DMC 25번사 961, 2올로 스트레이트
　스티치를 수놓습니다.

10　A 방울은 DMC 25번사 961, 2올로 새틴 스티치를 가
　로 방향으로 수놓아 메워 줍니다.

11　B 방울의 끈은 DMC 25번사 989, 2올로 스트레이트
　스티치를 수놓습니다.

12　B 방울은 DMC 25번사 989, 2올로 새틴 스티치를 가
　로 방향으로 수놓아 메워 줍니다.

13　C 방울의 끈은 DMC 25번사 347, 2올로 스트레이트
　스티치를 수놓습니다.

14　C 방울은 DMC 25번사 347, 2올로 새틴 스티치를 가
　로 방향으로 수놓아 메워 줍니다.

15　D 방울의 끈은 DMC 25번사 307, 2올로 스트레이트
　스티치를 수놓습니다.

16　D 방울은 DMC 25번사 307, 2올로 새틴 스티치를 가
　로 방향으로 수놓아 메워 줍니다.

17　E 방울의 끈은 DMC 25번사 796, 2올로 스트레이트
　스티치를 수놓습니다.

18　E 방울은 DMC 25번사 796, 2올로 새틴 스티치를 가
　로 방향으로 수놓아 메워 줍니다.

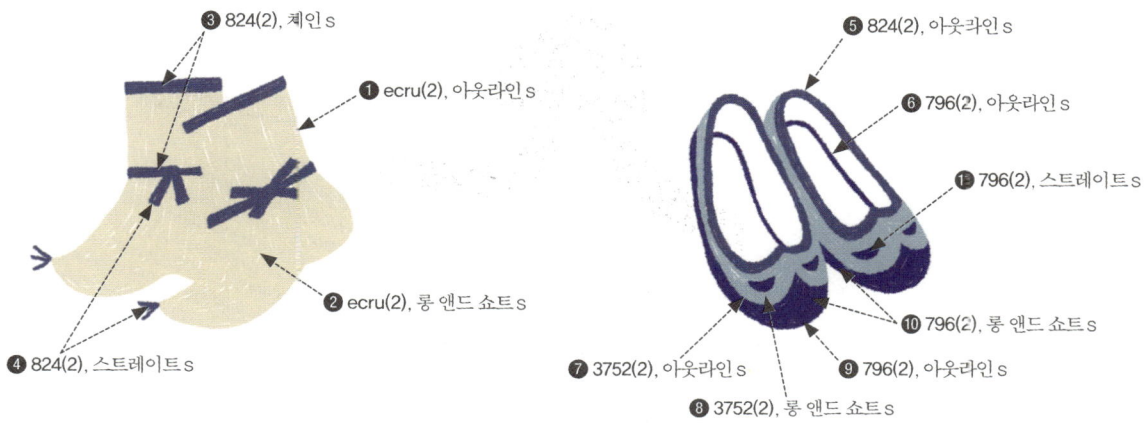

❸ 824(2), 체인 s

❶ ecru(2), 아웃라인 s

❺ 824(2), 아웃라인 s

❻ 796(2), 아웃라인 s

⑪ 796(2), 스트레이트 s

❷ ecru(2), 롱 앤드 쇼트 s

❹ 824(2), 스트레이트 s

⑩ 796(2), 롱 앤드 쇼트 s

❼ 3752(2), 아웃라인 s

❾ 796(2), 아웃라인 s

❽ 3752(2), 롱 앤드 쇼트 s

버선&꽃신

1 버선의 테두리는 DMC 25번사 ecru, 2올로 아웃라인 스티치를 수놓습니다. 이때 무늬, 장식은 제외합니다.

2 버선은 DMC 25번사 ecru, 2올로 롱 앤드 쇼트 스티치를 수놓아 메워 줍니다.

3 버선의 발목 부분은 DMC 25번사 824, 2올로 체인 스티치를 수놓습니다.

4 버선코 장식, 리본은 DMC 25번사 824, 2올로 스트레이트 스티치를 수놓습니다.

5 꽃신 위쪽의 테두리는 DMC 25번사 824, 2올로 아웃라인 스티치를 수놓습니다.

6 안창 선은 DMC 25번사 796, 2올로 아웃라인 스티치를 수놓습니다.

7 발등 부분의 테두리는 DMC 25번사 3752, 2올로 아웃라인 스티치를 수놓습니다.

8 발등 부분은 DMC 25번사 3752, 2올로 롱 앤드 쇼트 스티치를 수놓습니다.

9 밑창, 앞코의 테두리는 DMC 25번사 796, 2올로 아웃라인 스티치를 수놓습니다.

10 밑창, 앞코는 DMC 25번사 796, 2올로 롱 앤드 쇼트 스티치를 수놓아 메워 줍니다.

11 꽃신 무늬는 DMC 25번사 796, 2올로 스트레이트 스티치를 수놓습니다.

❸ 메탈릭 롤사 4024(2), 체인 s

❷ 310(2), 롱 앤드 쇼트 s

❶ 310(2), 아웃라인 s

❻ 메탈릭 롤사 4024(2), 러닝 s

❼ ecru(2), 체인 s

❹ 825(2), 아웃라인 s

❺ 825(2), 롱 앤드 쇼트 s

❾ 966(2), 롱 앤드 쇼트 s

❿ 3364(2), 프렌치 노트 s 1번 감기

❽ 3364(2), 아웃라인 s

왕건모 & 한복

1 왕건모의 테두리는 DMC 25번사 310, 2올로 아웃라 인 스티치를 수놓습니다.

2 왕건모는 DMC 25번사 310, 2올로 롱 앤드 쇼트 스티 치를 수놓아 메워 줍니다.

3 왕건모 무늬는 DMC 메탈릭 롤사 4024, 2올로 체인 스티치를 수놓습니다.

4 두루마기의 테두리는 DMC 25번사 825, 2올로 아웃 라인 스티치를 수놓습니다.

5 두루마기는 DMC 25번사 825, 2올로 롱 앤드 쇼트 스 티치를 수놓아 메워 줍니다.

6 두루마기 무늬는 DMC 메탈릭 롤사 4024, 2올로 러닝 스티치를 수놓습니다.

7 세조대는 DMC 25번사 ecru, 2올로 체인 스티치를 수 놓습니다.

8 바지의 테두리와 주름은 DMC 25번사 3364, 2올로 아 웃라인 스티치를 수놓습니다.

9 바지는 DMC 25번사 966, 2올로 롱 앤드 쇼트 스티치 를 수놓아 메워 줍니다.

10 바지의 매듭단추는 DMC 25번사 3364, 2올로 프렌치 노트 스티치 1번 감기하여 수놓습니다.

❶ 645(2), 아웃라인 s

❷ ecru(2), 롱 앤드 쇼트 s

❸ ecru(2), 아웃라인 s

❸ ecru(2), 아웃라인 s

❹ 796(2), 새틴 s

A B C D E A   A E D C B A

❼ 349(2), 새틴 s

❺ ecru(2), 새틴 s

❽ 307(2), 새틴 s

❻ 987(2), 새틴 s

색동

1 동정의 테두리는 DMC 25번사 645, 2올로 아웃라인 스티치를 수놓습니다.

2 동정은 DMC 25번사 ecru, 2올로 롱 앤드 쇼트 스티치를 수놓아 메워 줍니다.

3 소매의 테두리는 DMC 25번사 ecru, 2올로 아웃라인 스티치를 수놓습니다.

4 A 소매는 DMC 25번사 796, 2올로 테두리를 감싸며 새틴 스티치를 수놓아 메워 줍니다.

5 B 소매는 DMC 25번사 ecru, 2올로 테두리를 감싸며 새틴 스티치를 수놓아 메워 줍니다.

6 C 소매는 DMC 25번사 987, 2올로 테두리를 감싸며 새틴 스티치를 수놓아 메워 줍니다.

7 D 소매는 DMC 25번사 349, 2올로 테두리를 감싸며 새틴 스티치를 수놓아 메워 줍니다.

8 E 소매는 DMC 25번사 307, 2올로 테두리를 감싸며 새틴 스티치를 수놓아 메워 줍니다.

우리 결혼했어요

PREPARATION

| 사용한 **원단** | _ | **미색 리넨** | 11수 원단 |

사용한 **자수실** _ DMC 25번사

- ⬤ ecru
- ⬤ 310
- ⬤ 420
- ⬤ 433
- ⬤ 435
- ⬤ 817
- ⬤ 819
- ⬤ 956
- ⬤ 3078
- ⬤ 3345
- ⬤ 3347
- ⬤ 3348
- ⬤ 3371

DMC 메탈릭 롤사
- ⬤ 4018
- ⬤ 4302

애플톤 울실
- ⬤ 945

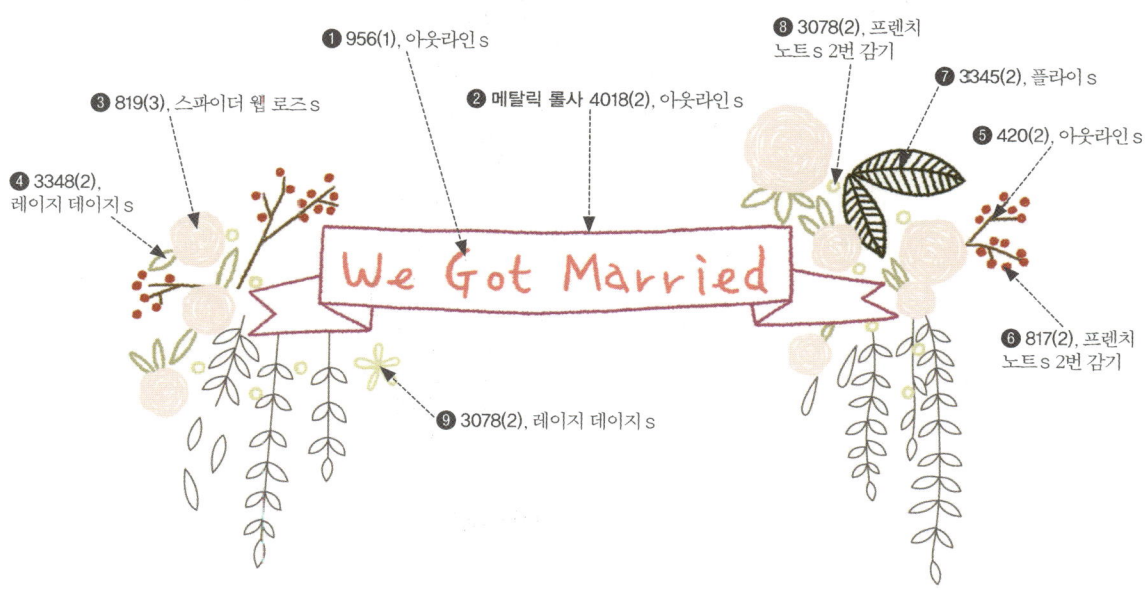

❶ 956(1), 아웃라인 s

❷ 메탈릭 롤사 4018(2), 아웃라인 s

❸ 819(3), 스파이더 웹 로즈 s

❹ 3348(2), 레이지 데이지 s

❽ 3078(2), 프렌치 노트 s 2번 감기

❼ 3345(2), 플라이 s

❺ 420(2), 아웃라인 s

❻ 817(2), 프렌치 노트 s 2번 감기

❾ 3078(2), 레이지 데이지 s

리본&장미

1 We Got Married는 DMC 25번사 956, 1올로 아웃라인 스티치를 수놓습니다.

   PANDA'S TIP 글자의 O은 오픈 레이지 데이지 스티치를 2개 붙여 수놓습니다. 스티치 과정은 15쪽, QR코드 동영상에 있습니다.

2 리본은 DMC 메탈릭 롤사 4018, 2올로 아웃라인 스티치를 수놓습니다.

3 장미는 DMC 25번사 819, 3올로 스파이더 웹 로즈 스티치를 수놓습니다.

4 장미 잎은 DMC 25번사 3348, 2올로 레이지 데이지 스티치를 수놓습니다.

5 먼나무 가지는 DMC 25번사 420, 2올로 아웃라인 스티치를 수놓습니다.

6 먼나무 가지의 열매는 DMC 25번사 817, 2올로 프렌치 노트 스티치 2번 감기하여 수놓습니다.

7 큰 잎은 DMC 25번사 3345, 2올로 플라이 스티치를 수놓습니다.

8 작은 동그라미는 DMC 25번사 3078, 2올로 프렌치 노트 스티치 2번 감기하여 수놓습니다.

9 데이지는 DMC 25번사 3078, 2올로 레이지 데이지 스티치를 수놓습니다

❶ 3345(2), 아웃라인 s

❺ 310(2), 아웃라인 s

❷ 433(2), 롱 앤드 쇼트 s

❶❶ 435(2), 롱 앤드 쇼트 s

❽ 310(1), 프렌치 노트 s 2번 감기

❼ 310(1), 스트레이트 s

❷ 3345(2), 레이지 데이지 s

❸ 3347(2), 아웃라인 s

❹ 3347(2), 레이지 데이지 s

❶❸ 메탈릭 롤사 4302(2), 아웃라인 s

❾ 310(1), 스트레이트 s

❶⓪ 310(1), 아웃라인 s

❻ 310(2), 새틴 s

줄기&신랑, 신부

1 초록색 줄기는 DMC 25번사 3345, 2올로 아웃라인 스티치를 수놓습니다.

2 초록색 잎은 DMC 25번사 3345, 2올로 레이지 데이지 스티치를 수놓습니다.

3 연두색 줄기는 DMC 25번사 3347, 2올로 아웃라인 스티치를 수놓습니다.

4 연두색 잎은 DMC 25번사 3347, 2올로 레이지 데이지 스티치를 수놓습니다.

5 검은색으로 칠한 신랑, 신부의 모든 테두리는 DMC 25번사 310, 2올로 아웃라인 스티치로 수놓습니다. 신랑의 구두 테두리도 수놓습니다.

6 신랑의 구두는 DMC 25번사 310, 2올로 새틴 스티치를 수놓아 메워 줍니다.

7 신부의 눈썹은 DMC 25번사 310, 1올로 스트레이트 스티치를 수놓습니다.

8 신부와 신랑의 눈은 DMC 25번사 310, 1올로 프렌치 노트 스티치 2번 감기하여 수놓습니다.

9 신랑, 신부의 코는 DMC 25번사 310, 1올로 스트레이트 스티치를 수놓습니다.

10 신랑, 신부의 입은 DMC 25번사 310, 1올로 아웃라인 스티치를 수놓습니다.

11 신부 머리카락은 DMC 25번사 435, 2올로 롱 앤드 쇼트 스티치를 수놓아 메워 줍니다.

12 신랑 머리카락은 DMC 25번사 433, 2올로 롱 앤드 쇼트 스티치를 수놓아 메워 줍니다.

13 면사포는 DMC 메탈릭 롤사 4302, 2올로 아웃라인 스티치를 수놓습니다.

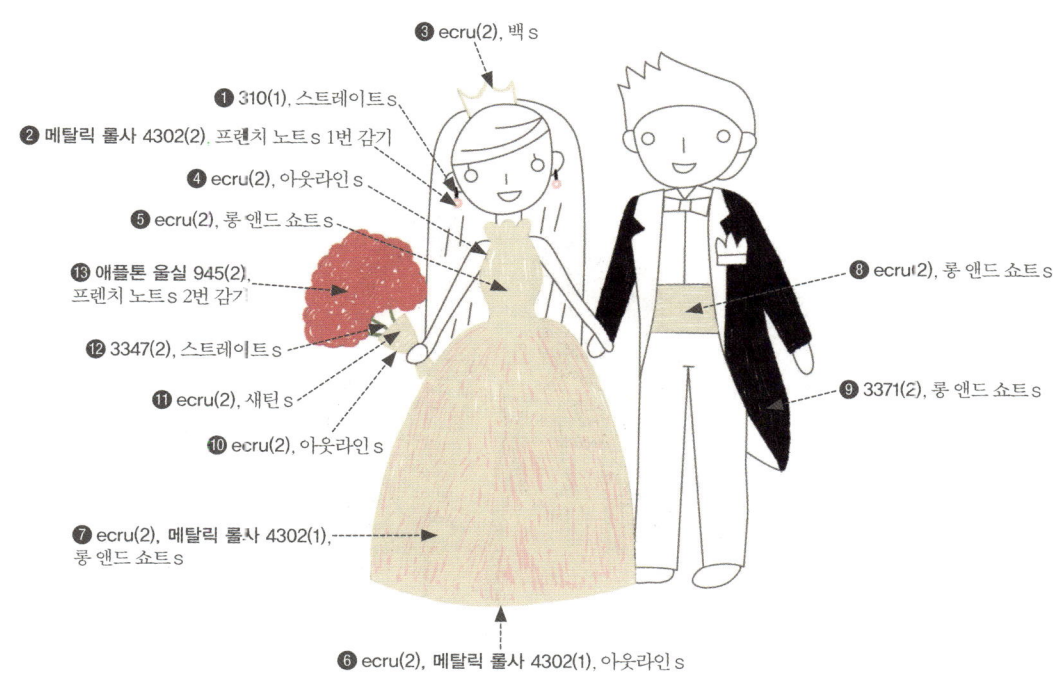

❸ ecru(2), 백 s

❶ 310(1), 스트레이트 s

❷ 메탈릭 롤사 4302(2), 프렌치 노트 s 1번 감기

❹ ecru(2), 아웃라인 s

❺ ecru(2), 롱 앤드 쇼트 s

❽ ecru(2), 롱 앤드 쇼트 s

❸ 애플톤 울실 945(2), 프렌치 노트 s 2번 감기

❿ 3347(2), 스트레이트 s

⓫ ecru(2), 새틴 s

⓾ ecru(2), 아웃라인 s

❾ 3371(2), 롱 앤드 쇼트 s

❼ ecru(2), 메탈릭 롤사 4302(1), 롱 앤드 쇼트 s

❻ ecru(2), 메탈릭 롤사 4302(1), 아웃라인 s

신랑, 신부

1 신부 귀걸이는 DMC 25번사 310, 1올로 스트레이트 스티치를 수놓습니다.

2 신부 귀걸이 끝에 달린 장식은 DMC 메탈릭 롤사 4302, 2올로 프렌치 노트 스티치 1번 감기하여 수놓 습니다.

3 티아라는 DMC 25번사 ecru, 2올로 백 스티치를 수놓 습니다.

4 드레스 상의의 테두리는 DMC 25번사 ecru, 2올로 아 웃라인 스티치를 수놓습니다.

5 드레스 상의는 DMC 25번사 ecru, 2올로 롱 앤드 쇼트 스티치를 수놓아 메워 줍니다.

6 드레스 하의의 테두리는 DMC 25번사 ecru, 2올과 DMC 메탈릭 롤사 4302, 1올을 한꺼번에 바늘귀에 꿰 고 아웃라인 스티치를 수놓습니다.

7 드레스 하의는 DMC 25번사 ecru, 2올과 DMC 메탈릭 롤사 4302, 1올을 한꺼번에 바늘귀에 꿰고 롱 앤드 쇼 트 스티치를 수놓아 메워 줍니다.

8 턱시도의 허리 밴드는 DMC 25번사 ecru, 2올로 롱 앤 드 쇼트 스티치를 수놓아 메워 줍니다.

9 턱시도는 DMC 25번사 3371, 2올로 롱 앤드 쇼트 스 티치를 수놓아 메워 줍니다.

10 부케 하단의 테두리는 DMC 25번사 ecru, 2올로 아웃 라인 스티치를 수놓습니다.

11 부케 하단은 DMC 25번사 ecru, 2올로 새틴 스티치를 수놓아 메워 줍니다.

12 부케의 줄기는 DMC 25번사 3347, 2올로 스트레이트 스티치를 수놓습니다.

13 부케의 꽃은 애플톤 울실 945, 2올르 프렌치 노트 스 티치 2번 감기하여 메워 줍니다.

우리 결혼했어요

사용한 **원단** _ 미색 리넨	11수 원단

사용한 **자수실** _ DMC 25번사

ecru   ● 310   ● 433   ● 435   ● 645   ● 3053   ● 3078   ● 3347

● 3348

⑦ 310(2), 아웃라인 s
⑧ 310(2), 새틴 s
⑫ 435(2), 롱 앤드 쇼트 s
⑩ 310(1), 스트레이트 s
④ 3348(2), 플라이 s
⑭ 3078(2), 롱 앤드 쇼트 s
③ 3347(2), 스트레이트 s
② 3347(2), 아웃라인 s
⑮ 3053(2), 롱 앤드 쇼트 s
⑬ 433(2), 롱 앤드 쇼트 s
⑨ 310(1), 프렌치 노트 s 2번 감기
⑪ 310(1), 아웃라인 s
⑥ 3348(2), 프렌치 노트 s 2번 감기
⑯ ecru(2), 새틴 s
⑤ ecru(3), 레이지 데이지 s
⑰ 3053(2), 스트레이트 s

① 645(1), 아웃라인 s ----- 우리 결혼했어요

배경&신랑, 신부

1 우리 결혼했어요는 DMC 25번사 645, 1올로 아웃라인 스티치를 수놓습니다.

PANDA'S TIP 글자의 O은 오픈 레이지 데이지 스티치로 수놓습니다. 스티치 과정은 15쪽, QR코드 동영상에 있습니다.

2 큰 줄기는 DMC 25번사 3347, 2올로 아웃라인 스티치를 수놓습니다.

3 큰 줄기와 꽃 사이에 있는 작은 줄기는 DMC 25번사 3347, 2올로 스트레이트 스티치를 수놓습니다.

4 큰 잎은 DMC 25번사 3348, 2올로 플라이 스티치를 수놓습니다.

5 흰색 꽃은 DMC 25번사 ecru, 3올로 레이지 데이지 스티치를 수놓습니다.

6 줄기 끝에 있는 작은 꽃봉오리는 DMC 25번사 3348, 2올로 프렌치 노트 스티치 2번 감기하여 수놓습니다.

7 검은색으로 칠한 신랑, 신부의 테두리는 DMC 25번사 310, 2올로 아웃라인 스티치를 수놓습니다.

8 족두리는 DMC 25번사 310, 2올로 새틴 스티치를 수놓아 메워 줍니다.

9 신랑, 신부의 눈은 DMC 25번사 310, 1올로 프렌치 노트 스티치 2번 감기하여 수놓습니다.

10 신랑, 신부의 속눈썹과 코는 DMC 25번사 310, 1올로 스트레이트 스티치를 수놓습니다.

11 입은 DMC 25번사 310, 1올로 아웃라인 스티치를 수놓습니다.

12 신부 머리카락은 DMC 25번사 435, 2올로 롱 앤드 쇼트 스티치를 수놓아 메워 줍니다.

13 신랑 머리카락은 DMC 25번사 433, 2올로 롱 앤드 쇼트 스티치를 수놓아 메워 줍니다.

14 신부의 저고리는 DMC 25번사 3078, 2올로 롱 앤드 쇼트 스티치를 수놓아 메워 줍니다.

15 신부의 저고리 고름과 신랑의 조끼는 DMC 25번사 3053, 2올로 롱 앤드 쇼트 스티치를 수놓아 메워 줍니다.

16 신랑, 신부의 소매와 동정은 DMC 25번사 ecru, 2올로 새틴 스티치를 수놓아 메워 줍니다.

17 신랑의 신은 DMC 25번사 3053, 2올로 스트레이트 스티치를 수놓습니다.

11th

Bonjour Paris

PREPARATION

사용한 **원단**	_ 리넨	11수 미색 원단				
사용한 **자수실**	_ DMC 25번사	⬤ ecru	⬤ 310	⬤ 349	⬤ 825	⬤ 3812	⬤ 3817
	DMC 메탈릭 롤사	⬤ 4270				
	애플톤 울실	⬤ 993				

❷ 825(2), 새틴 s
❸ ecru(2), 새틴 s
❹ 349(2), 새틴 s
❶ 310(2), 백 s
❺ ecru(6), 349(3), 휘프드 백 s
❻ 349(4), 레이즈드 리프 s
❼ 메탈릭 롤사 4270(4), 백 s
❿ 3817(2), 백 s
❽ 3812(2), 백 s
⓫ 3817(2), 새틴 s
❾ 3812(2), 새틴 s
PANDA'S TIP 테두리를 감싸며 새틴 스티치를 수놓으면 입체감을 표현할 수 있습니다.
⓬ 310(4), 스트레이트 s
⓭ 825(2), 백 s

에펠탑

1 삼색기 테두리는 DMC 25번사 310, 2올로 백 스티치를 수놓습니다.

2 삼색기의 왼쪽 칸은 DMC 25번사 825, 2올로 새틴 스티치를 수놓아 메워 줍니다.

3 삼색기의 가운데 칸은 DMC 25번사 ecru, 2올로 새틴 스티치를 수놓아 메워 줍니다.

4 삼색기의 오른쪽 칸은 DMC 25번사 349, 2올로 새틴 스티치를 수놓아 메워 줍니다.

5 깃발 끈은 DMC 25번사 ecru, 6올과 349, 3올로 휘프드 백 스티치를 수놓습니다. 이때 감는 실은 349를 사용합니다.

6 삼각 깃발은 DMC 25번사 349, 4올로 레이즈드 리프 스티치를 수놓습니다.

7 에펠탑은 DMC 메탈릭 롤사 4270, 4올로 백 스티치를 수놓습니다.

8 나무 A의 나뭇잎 테두리는 DMC 25번사 3812, 2올로 백 스티치를 수놓습니다.

9 나무 A의 나뭇잎은 DMC 25번사 3812, 2올로 테두리를 감싸며 새틴 스티치를 수놓아 메워 줍니다.

10 나무 B의 나뭇잎 테두리는 DMC 25번사 3817, 2올로 백 스티치를 수놓습니다.

11 나무 B의 나뭇잎은 DMC 25번사 3817, 2올로 테두리를 감싸며 새틴 스티치를 수놓아 메워 줍니다.

12 나무 기둥은 DMC 25번사 310, 4올로 스트레이트 스티치를 수놓습니다.

13 LA TOUR EIFFEL은 DMC 25번사 825, 2올로 백 스티치를 수놓습니다.

PANDA'S TIP 글자의 O는 오픈 레이지 데이지 스티치를 2개 붙여 수놓습니다. 스티치 과정은 15쪽, QR코드 동영상에 있습니다.

❶ 310(2), 아웃라인 s

❸ 310(2), 아웃라인 s

❺ 349(2), 레이지 데이지 s

❹ 310(2), 롱 앤드 쇼트 s

❷ 310(2), 프렌치 노트 s 2번 감기

❼ 310(2), 프렌치 노트 s 2번 감기

❻ 310(2), 아웃라인 s

❽ 349(3), 아웃라인 s

Bonjour Paris & Parisien

1 Bonjur Paris는 DMC 25번사 310, 2올로 아웃라인 스티치를 수놓습니다. 이때 i, j의 점은 제외합니다.

2 i의 점은 DMC 25번사 310, 2올로 프렌치 노트 스티치 2번 감기하여 수놓습니다.

3 콧수염의 테두리는 DMC 25번사 310, 2올로 아웃라인 스티치를 수놓습니다.

4 콧수염은 DMC 25번사 310, 2올로 롱 앤드 쇼트 스티치를 수놓아 메워 줍니다.

5 j 위에 있는 하트는 DMC 25번사 349, 2올로 레이지 데이지 스티치를 수놓습니다.

6 Parissen은 DMC 25번사 310, 2올로 아웃라인 스티치를 수놓습니다. 이때 i의 점은 제외합니다.

7 i의 점은 DMC 25번사 310, 2올로 프렌치 노트 스티치 2번 감기하여 수놓습니다.

8 리본은 DMC 25번사 349, 3올로 아웃라인 스티치를 수놓습니다.

④ 310(2), 레이지 데이지 s

⑤ 825(2), 아웃라인 s　　⑥ 825(2), 새틴 s

⑦ 애플톤 울실 993(2), 터키 s

⑧ 머리카락 만들기

③ 310(2), 스트레이트 s

⑨ 993(2), 카우칭 s

① 310(2), 백 s

⑩ 349(2), 스트레이트 s

② 310(2), 새틴 s

마담

1　얼굴, 눈, 코, 입술의 테두리는 DMC 25번사 310, 2올로 백 스티치를 수놓습니다.

2　눈동자는 DMC 25번사 310, 2올로 새틴 스티치를 수놓아 메워 줍니다.

3　속눈썹은 DMC 25번사 310, 2올로 스트레이트 스티치를 수놓습니다.

4　하트는 DMC 25번사 310, 2올로 레이지 데이지 스티치를 수놓습니다.

5　베레모의 테두리는 DMC 25번사 825, 2올로 아웃라인 스티치를 수놓습니다.

6　베레모는 DMC 25번사 825, 2올로 새틴 스티치를 수놓아 메워 줍니다.

7　앞머리는 애플톤 울실 993, 2올로 머리 정면부터 터키 스티치를 수놓아 메워 줍니다.

8　옆머리는 10cm 정도 9가닥을 늘어뜨리고 3가닥씩 잡아 땋아 줍니다.

9　땋은 실을 동그랗게 말고 애플톤 울실 993, 2올로 카우칭 스티치를 수놓아 고정시킵니다.

10　입술은 DMC 25번사 349, 2올로 스트레이트 스티치를 수놓습니다.

PREPARATION

사용한 **원단** _ **리넨**   11수 미색 원단

사용한 **자수실** _ DMC 25번사   ● 307   ● 310   ● 349   ● 435   ● 437   ● 747   ● 761   ● 825
● 3712   ● 3755   ● 3821   ● 3895

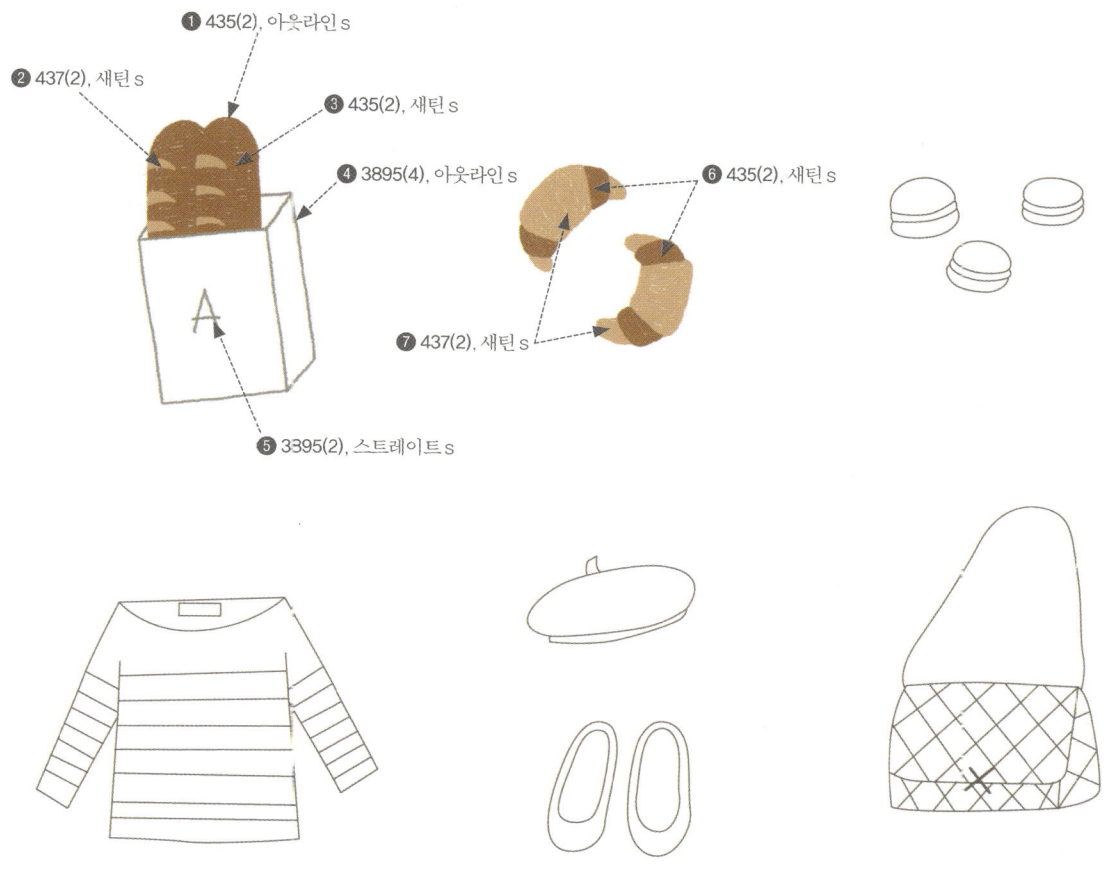

① 435(2), 아웃라인 s
② 437(2), 새틴 s
③ 435(2), 새틴 s
④ 3895(4), 아웃라인 s
⑥ 435(2), 새틴 s
⑦ 437(2), 새틴 s
⑤ 3395(2), 스트레이트 s

바게트&크루아상

1 바게트의 테두리는 DMC 25번사 435, 2올로 아웃라인 스티치를 수놓습니다.

2 바게트의 갈라진 부분은 DMC 25번사 437, 2올로 새틴 스티치를 수놓아 메워 줍니다.

3 바게트는 DMC 25번사 435, 2올로 새틴 스티치를 수놓아 메워 줍니다.

4 빵 봉지는 DMC 25번사 3895, 4올로 아웃라인 스티치를 수놓습니다.

5 A는 DMC 25번사 3895, 2올로 스트레이트 스티치를 수놓습니다.

6 크루아상의 진한 갈색 부분은 DMC 25번사 435, 2올로 새틴 스티치를 수놓아 메워 줍니다.

7 크루아상 윗부분과 양쪽 끝은 DMC 25번사 437, 2올로 새틴 스티치를 수놓아 메워 줍니다.

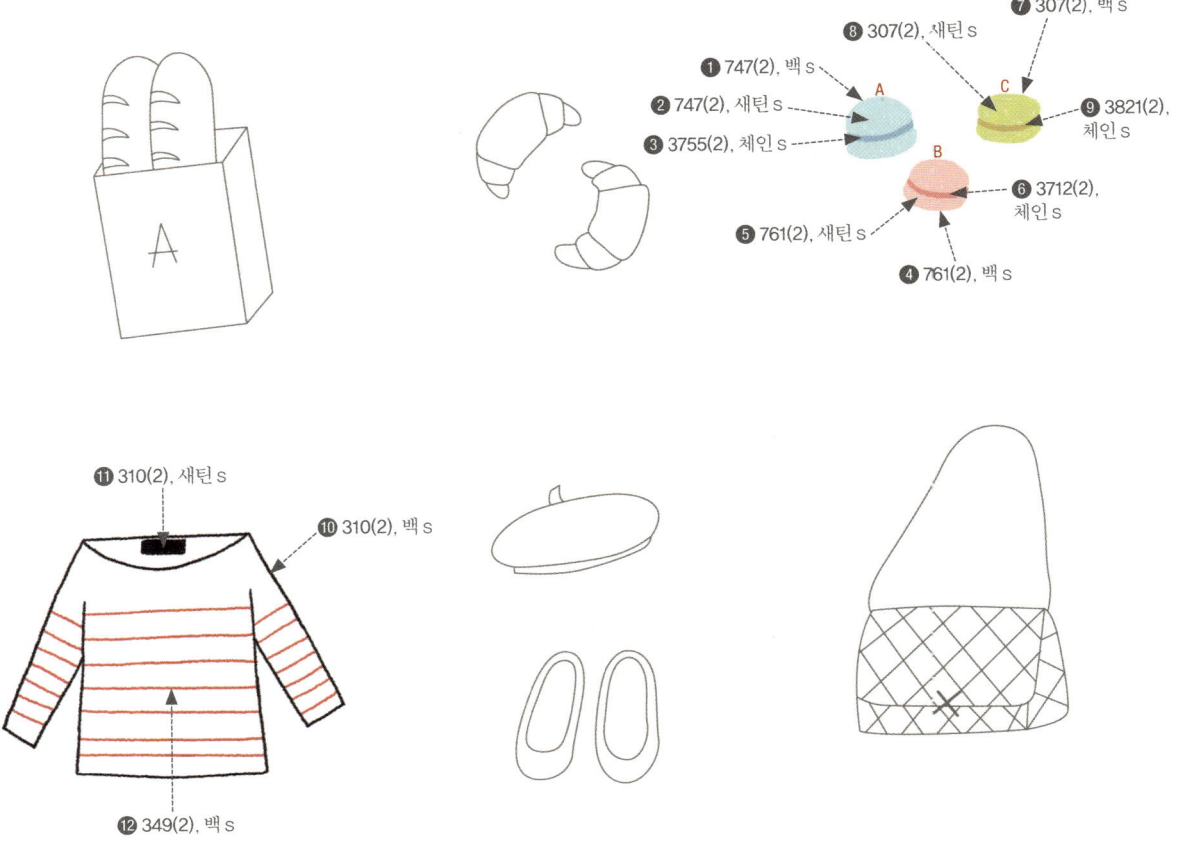

① 747(2), 백 s
② 747(2), 새틴 s
③ 3755(2), 체인 s
④ 761(2), 백 s
⑤ 761(2), 새틴 s
⑥ 3712(2), 체인 s
⑦ 307(2), 백 s
⑧ 307(2), 새틴 s
⑨ 3821(2), 체인 s

⑪ 310(2), 새틴 s
⑩ 310(2), 백 s
⑫ 349(2), 백 s

마카롱&스트라이트 티셔츠

1 A 마카롱의 테두리는 DMC 25번사 747, 2올로 백 스티치를 수놓습니다. 이때 크림은 제외합니다.

2 A 마카롱은 DMC 25번사 747, 2올로 테두리를 감싸며 새틴 스티치를 수놓아 메워 줍니다. 이때 크림은 제외합니다.

3 A 마카롱 크림은 DMC 25번사 3755, 2올로 체인 스티치를 수놓습니다.

4 B 마카롱의 테두리는 DMC 25번사 761, 2올로 백 스티치를 수놓습니다. 이때 크림은 제외합니다.

5 B 마카롱은 DMC 25번사 761, 2올로 테두리를 감싸며 새틴 스티치를 수놓아 메워 줍니다. 이때 크림은 제외합니다.

6 B 마카롱의 크림은 DMC 25번사 3712, 2올로 체인 스티치를 수놓습니다.

7 C 마카롱의 테두리는 DMC 25번사 307, 2올로 백 스티치를 수놓습니다. 이때 크림은 제외합니다.

8 C 마카롱은 DMC 25번사 307, 2올로 테두리를 감싸며 새틴 스티치를 수놓아 메워 줍니다. 이때 크림은 제외합니다.

9 C 마카롱의 크림은 DMC 25번사 3821, 2올로 체인 스티치를 수놓습니다.

10 검은색으로 칠한 티셔츠의 테두리는 DMC 25번사 310, 2올로 백 스티치를 수놓습니다. 이때 라벨 테두리는 제외합니다.

11 줄무늬 상의에 있는 라벨은 DMC 25번사 310, 2올로 새틴 스티치를 수놓아 메워 줍니다.

12 줄무늬는 DMC 25번사 349, 2올로 백 스티치를 수놓습니다.

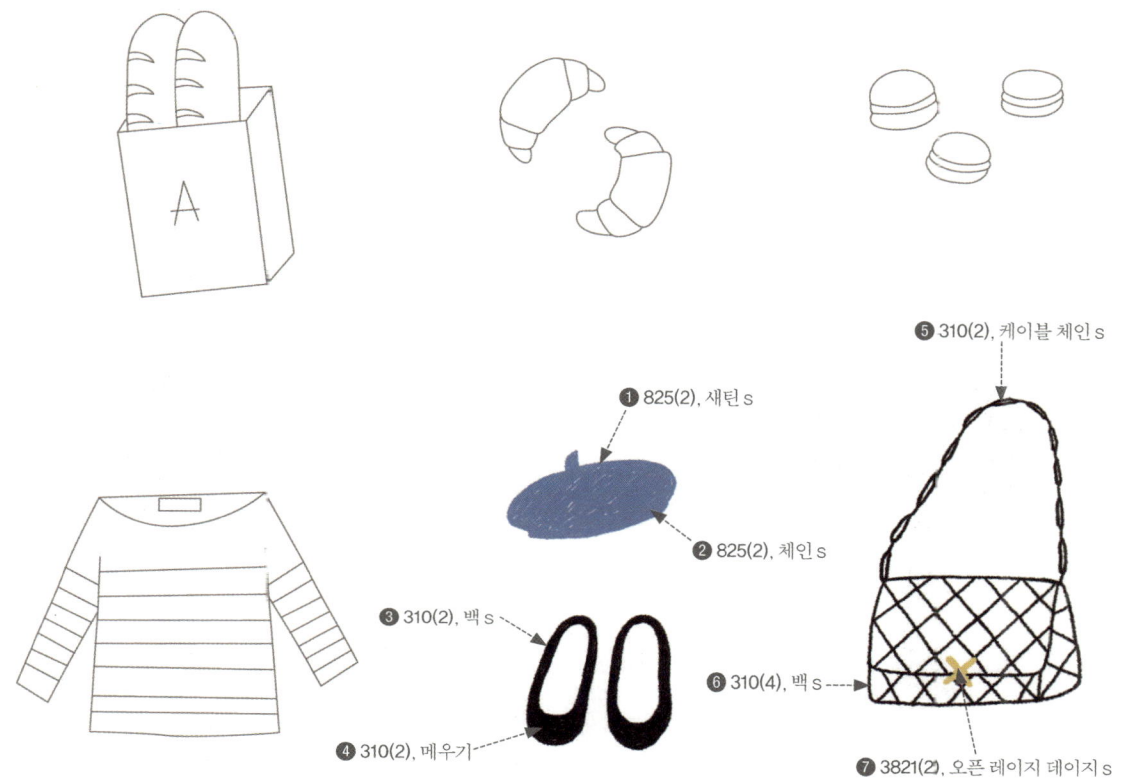

① 825(2), 새틴 s

⑤ 310(2), 케이블 체인 s

② 825(2), 체인 s

③ 310(2), 백 s

⑥ 310(4), 백 s

④ 310(2), 메우기

⑦ 3821(2), 오픈 레이지 데이지 s

베레모&신발&가방

1 베레모 아랫부분을 제외한 모든 곳은 DMC 25번사 825, 2올로 새틴 스티치를 수놓아 메워 줍니다.

2 모자 아랫부분은 DMC 25번사 825, 2올로 체인 스티치를 수놓습니다.

3 신발의 테두리는 DMC 25번사 310, 2올로 백 스티치를 수놓습니다.

4 신발은 DMC 25번사 310, 2올로 원하는 스티치를 선택하여 수놓아 메워 줍니다.

5 가방 끈은 DMC 25번사 310, 2올로 케이블 체인 스티치를 수놓습니다.

6 장식을 제외한 가방은 DMC 25번사 310, 4올로 백 스티치를 수놓습니다.

7 장식은 DMC 25번사 3821, 2올로 오픈 레이지 데이지 스티치를 수놓습니다.

PREPARATION

		11수 미색 원단
사용한 **원단**	_ 리넨	
사용한 **자수실**	_ DMC 25번사	● 310　● 349　● 761　● 825　● 3799　● 3808　● 3821　● 3893
		● 3895
	DMC 메탈릭 롤사	● 4270

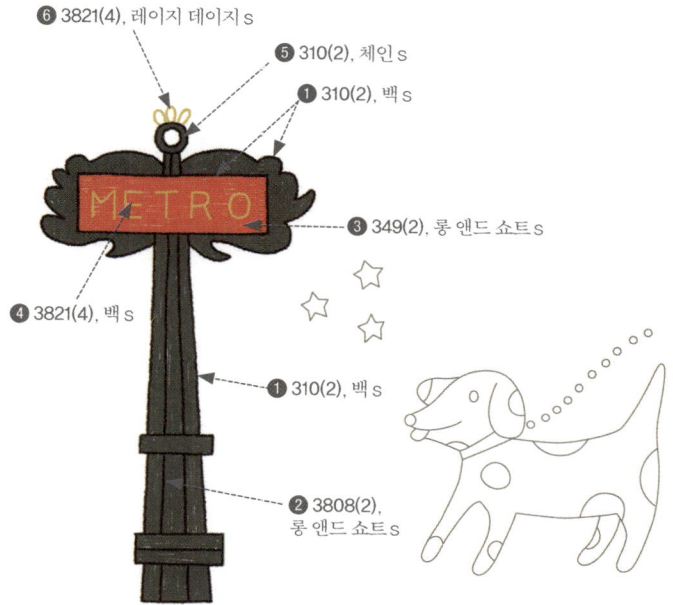

❻ 3821(4), 레이지 데이지 s

❺ 310(2), 체인 s

❶ 310(2), 백 s

❸ 349(2), 롱 앤드 쇼트 s

❹ 3821(4), 백 s

❶ 310(2), 백 s

❷ 3808(2),
롱 앤드 쇼트 s

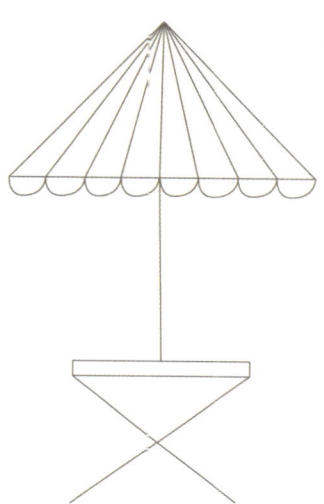

안내 표지판

1 진회색으로 칠한 안내 표지판의 테두리는 DMC 25번
사 310, 2올로 백 스티치를 수놓습니다. 이때 표지판
윗부분에 있는 원은 제외합니다.

2 안내 표지판 기둥은 DMC 25번사 3808, 2올로 롱 앤
드 쇼트 스티치를 수놓아 메워 줍니다.

3 팻말은 DMC 25번사 349, 2올로 롱 앤드 쇼트 스티치
를 수놓아 메워 줍니다.

4 METRO는 DMC 25번사 3821, 4올로 백 스티치를 수
놓습니다.

5 표지판 윗부분에 있는 원은 DMC 25번사 310, 2올로
체인 스티치를 수놓습니다.

6 장식은 DMC 25번사 3821, 4올로 레이지 데이지 스티
치를 수놓습니다.

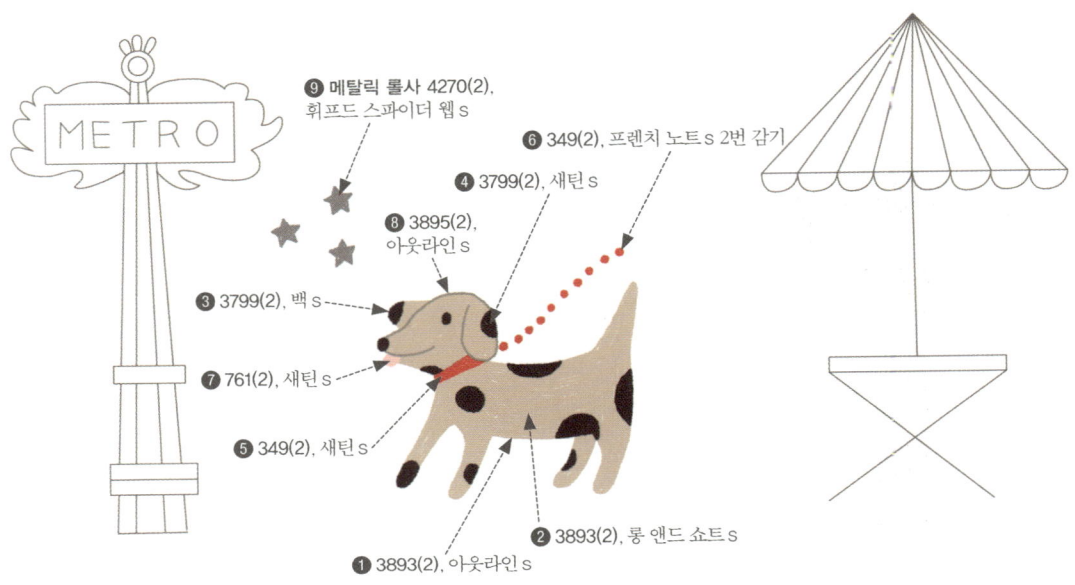

❾ **메탈릭 롤사 4270(2),** 휘프드 스파이더 웹 s

❻ 349(2), 프렌치 노트 s 2번 감기

❹ 3799(2), 새틴 s

❽ **3895(2),** 아웃라인 s

❸ 3799(2), 백 s

❼ 761(2), 새틴 s

❺ 349(2), 새틴 s

❷ 3893(2), 롱 앤드 쇼트 s

❶ 3893(2), 아웃라인 s

강아지

1 강아지의 테두리는 DMC 25번사 3893, 2올로 아웃라 인 스티치를 수놓습니다. 이때 무늬와 얼굴 테두리는 제외합니다.

2 강아지 몸은 DMC 25번사 3893, 2올로 롱 앤드 쇼트 스티치를 수놓아 메워 줍니다.

3 강아지 무늬의 테두리는 DMC 25번사 3799, 2올로 백 스티치를 수놓습니다.

4 강아지 무늬는 DMC 25번사 3799, 2올로 새틴 스티치 를 수놓아 메워 줍니다.

5 강아지 목걸이는 DMC 25번사 349, 2올로 새틴 스티 치를 수놓아 메워 줍니다.

6 강아지 목줄은 DMC 25번사 349, 2올로 프렌치 노트 스티치 2번 감기하여 수놓습니다.

7 혀는 DMC 25번사 761, 2올로 새틴 스티치를 수놓아 메워 줍니다.

8 강아지 얼굴의 테두리는 DMC 25번사 3895, 2올로 아 웃라인 스티치를 수놓습니다.

9 별은 DMC 메탈릭 롤사 4270, 2올로 휘프드 스파이더 웹 스티치를 수놓습니다.

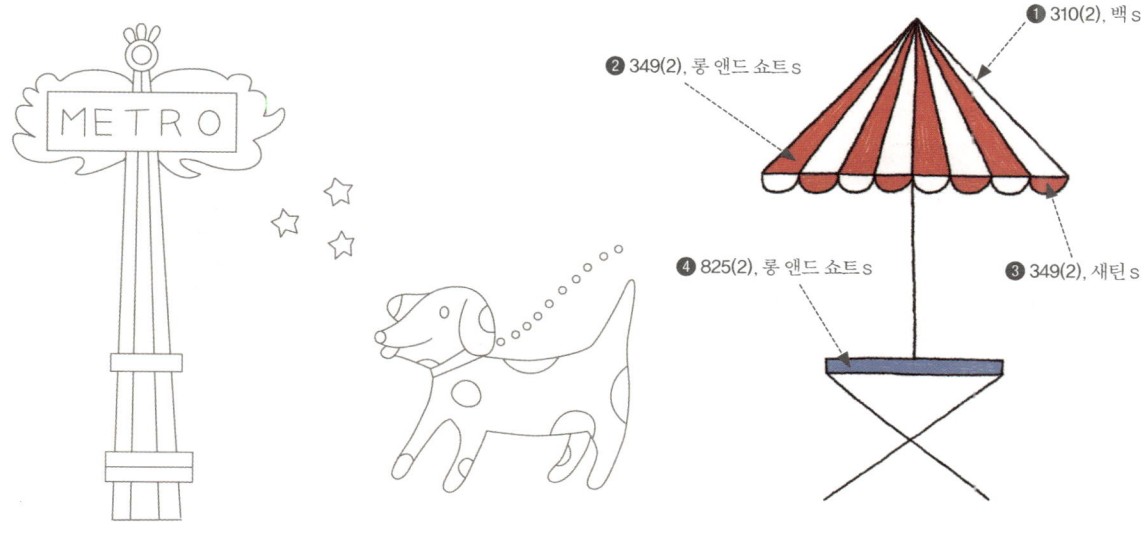

① 310(2), 백 s
② 349(2), 롱 앤드 쇼트 s
④ 825(2), 롱 앤드 쇼트 s
③ 349(2), 새틴 s

파라솔

1 파라솔, 테이블의 테두리는 DMC 25번사 310, 2올로 백 스티치를 수놓습니다.

2 파라솔 윗부분은 DMC 25번사 349, 2올로 롱 앤드 쇼트 스티치를 수놓아 메워 줍니다.

3 파라솔 아랫부분은 DMC 25번사 349, 2올로 새틴 스티치를 수놓아 메워 줍니다.

4 테이블은 DMC 25번사 825, 2올로 롱 앤드 쇼트 스티치를 수놓아 메워 줍니다.

PREPARATION

사용한 **원단** _ **리넨**   11수 미색 원단

사용한 **자수실** _ DMC 25번사   ● 310   ● 349   ● 437   ● 745   ● 747   ● 761   ● 972   ● 3712

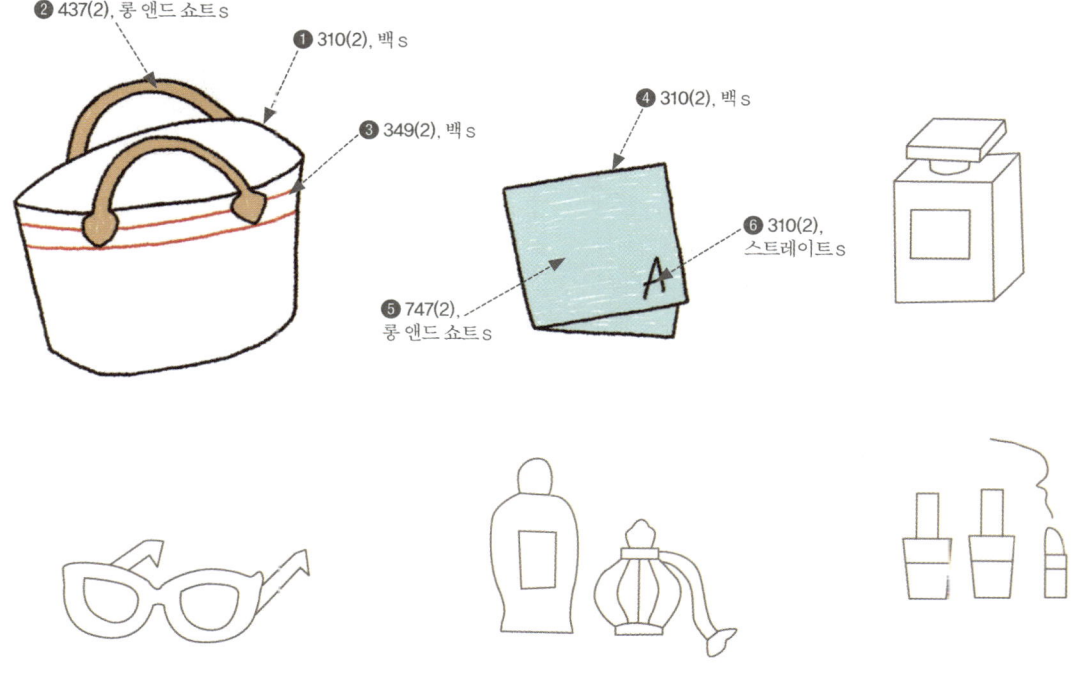

❷ 437(2), 롱 앤드 쇼트 S

❶ 310(2), 백 S

❸ 349(2), 백 S

❹ 310(2), 백 S

❻ 310(2), 스트레이트 S

❺ 747(2), 롱 앤드 쇼트 S

가방 & 손수건

1 검은색으로 칠한 가방의 테두리는 DMC 25번사 310, 2올로 백 스티치를 수놓습니다.

2 가방 손잡이는 DMC 25번사 437, 2올로 롱 앤드 쇼트 스티치를 수놓아 메워 줍니다.

3 가방 줄무늬는 DMC 25번사 349, 2올로 백 스티치를 수놓습니다.

4 손수건의 테두리는 DMC 25번사 310, 2올로 백 스티치를 수놓습니다. 이때 A는 제외합니다.

5 손수건은 DMC 25번사 747, 2올로 롱 앤드 쇼트 스티치를 수놓아 메워 줍니다.

6 A는 DMC 25번사 310, 2올로 스트레이트 스티치를 수놓습니다.

① 310(2), 백 s

③ 745(2), 새틴 s

② 310(2), 새틴 s

④ 310(2), 백 s

⑤ 349(2), 롱 앤드 쇼트 s

화장품&안경

1 화장품의 테두리는 DMC 25번사 310, 2올로 백 스티치를 수놓습니다. 이때 라벨의 테두리도 수놓습니다.

2 화장품 라벨은 DMC 25번사 310, 2올로 새틴 스티치를 수놓아 메워 줍니다.

3 화장품은 DMC 25번사 745, 2올로 새틴 스티치를 수놓아 메워 줍니다.

4 안경의 테두리는 3DMC 25번사 310, 2올로 백 스티치를 수놓습니다.

5 안경은 DMC 25번사 349, 2올로 롱 앤드 쇼트 스티치를 수놓아 메워 줍니다.

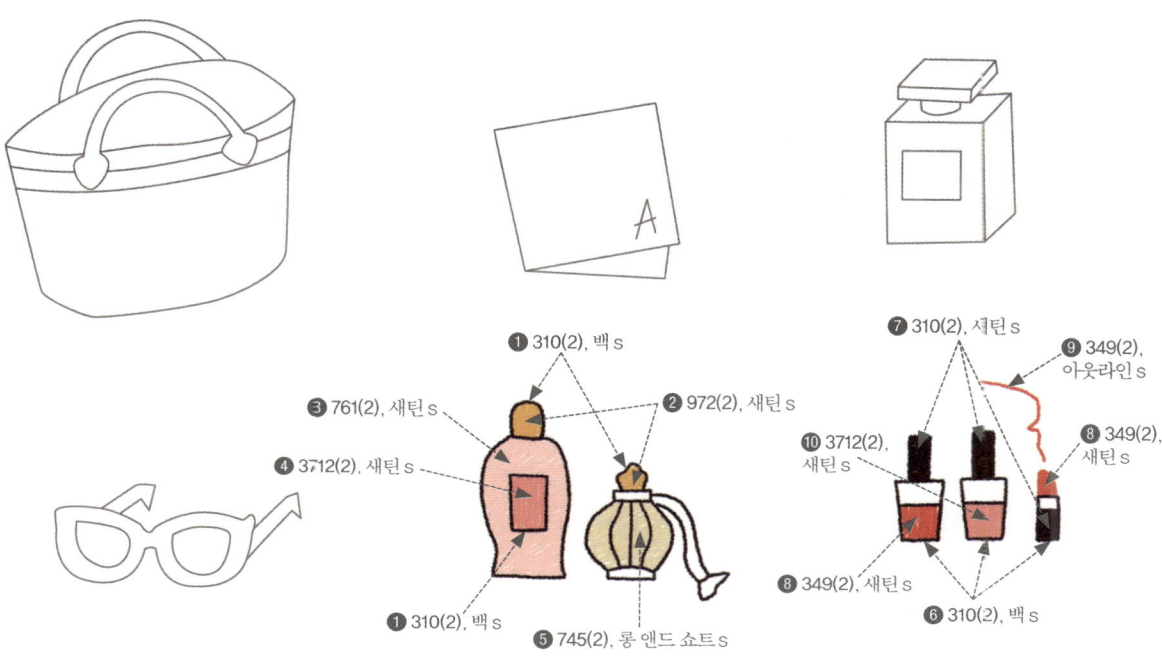

① 310(2), 백 s
② 972(2), 새틴 s
③ 761(2), 새틴 s
④ 3712(2), 새틴 s
① 310(2), 백 s
⑤ 745(2), 롱 앤드 쇼트 s
⑦ 310(2), 새틴 s
⑨ 349(2), 아웃라인 s
⑩ 3712(2), 새틴 s
⑧ 349(2), 새틴 s
⑧ 349(2), 새틴 s
⑥ 310(2), 백 s

향수&매니큐어, 립스틱

1 검은색으로 칠한 모든 테두리는 DMC 25번사 310, 2 올로 백 스티치를 수놓습니다. 이때 라벨 테두리도 함 께 수놓습니다.

2 각각의 향수병 뚜껑은 DMC 25번사 972, 2올로 새틴 스티치를 수놓아 메워 줍니다.

3 긴 향수병은 DMC 25번사 761, 2올로 새틴 스티치를 수놓아 메워 줍니다.

4 라벨은 DMC 25번사 3712, 2을로 새틴 스티치를 수놓 아 메워 줍니다.

5 작은 향수병은 DMC 25번사 745, 2올로 롱 앤드 쇼트 스티치를 수놓아 메워 줍니다.

6 매니큐어, 립스틱에서 검은색으로 칠한 모든 테두리 는 DMC 25번사 310, 2올로 백 스티치를 수놓습니다.

7 매니큐어 뚜껑, 립스틱 손잡이는 DMC 25번사 310, 2 올로 새틴 스티치를 수놓아 메워 줍니다.

8 왼쪽의 매니큐어와 립스틱은 DMC 25번사 349, 2올 로 새틴 스티치를 수놓아 메워 줍니다.

9 립스틱 선은 DMC 25번사 349, 2올토 아웃라인 스티 치를 수놓습니다.

10 오른쪽 매니큐어는 DMC 25번사 3712, 2올로 새틴 스 티치를 수놓아 메워 줍니다.

제주도 지도

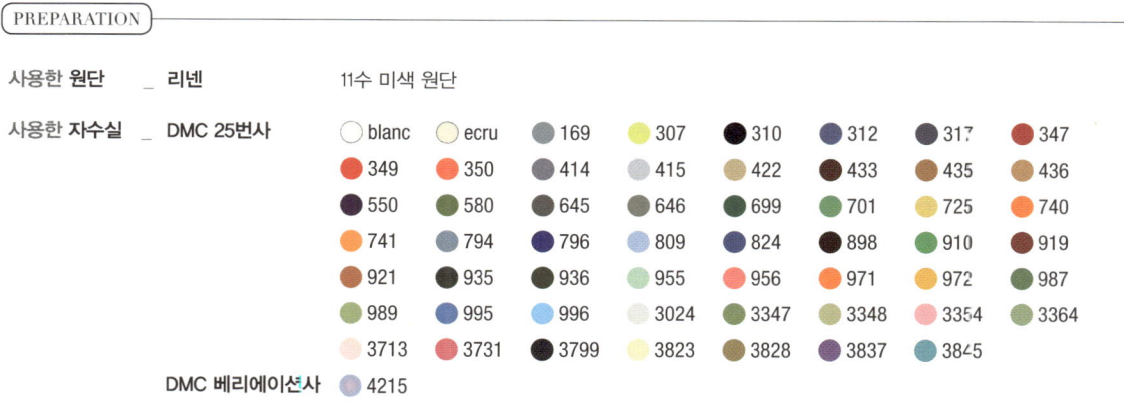

사용한 **원단** _ 리넨	11수 미색 원단						
사용한 **자수실** _ DMC 25번사	◯ blanc	◯ ecru	● 169	● 307	● 310	● 312	● 317	● 347

사용한 **원단** _ 리넨 　　11수 미색 원단

사용한 **자수실** _ DMC 25번사

◯ blanc	◯ ecru	● 169	● 307	● 310	● 312	● 317	● 347
● 349	● 350	● 414	● 415	● 422	● 433	● 435	● 436
● 550	● 580	● 645	● 646	● 699	● 701	● 725	● 740
● 741	● 794	● 796	● 809	● 824	● 898	● 910	● 919
● 921	● 935	● 936	● 955	● 956	● 971	● 972	● 987
● 989	● 995	● 996	● 3024	● 3347	● 3348	● 3354	● 3364
● 3713	● 3731	● 3799	● 3823	● 3828	● 3837	● 3845	

DMC 베리에이션사　　◯ 4215

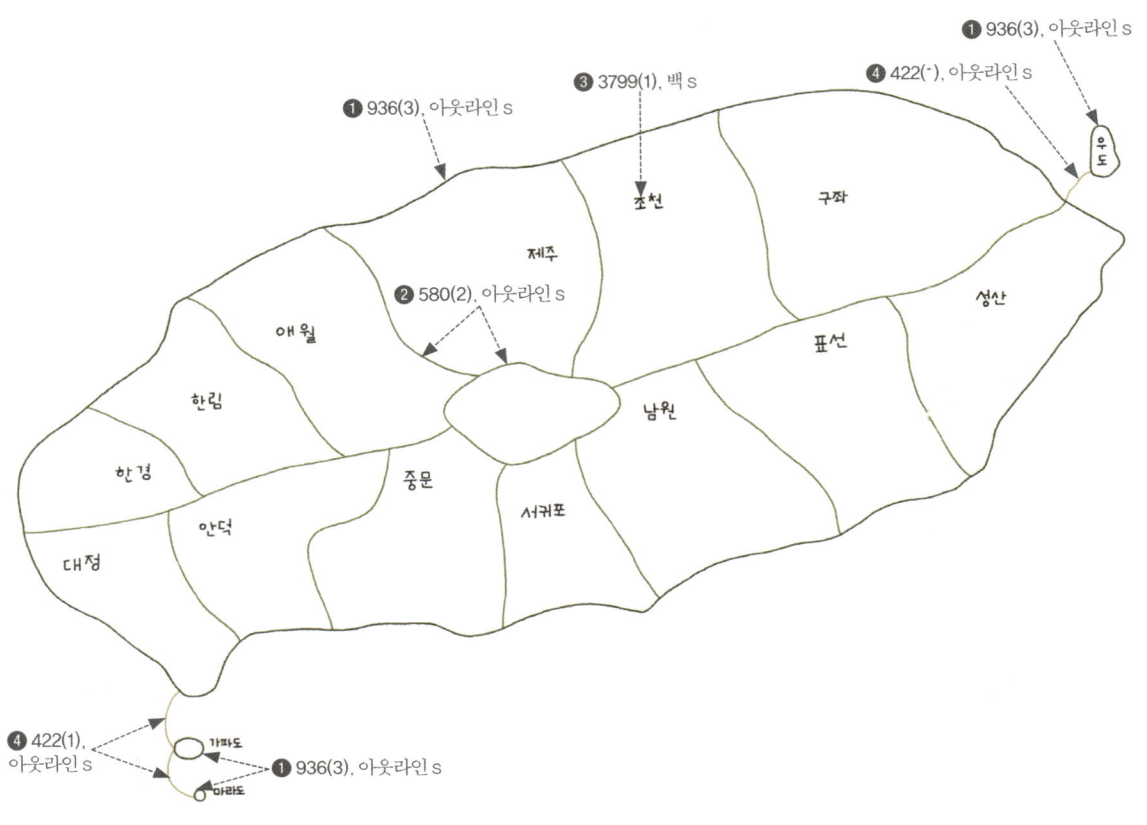

① 936(3), 아웃라인 s

③ 3799(1), 백 s

① 936(3), 아웃라인 s

④ 422(˚), 아웃라인 s

② 580(2), 아웃라인 s

우도

조천

구좌

제주

성산

애월

표선

한림

남원

한경

중문

안덕

서귀포

대정

④ 422(1),
아웃라인 s

가파도

① 936(3), 아웃라인 s

마라도

지도 테두리

1 우도, 가파도, 마라도를 포함한 지도 바깥쪽 테두리는
   DMC 25번사 936, 3올로 아웃라인 스티치를 수놓습
   니다. 바깥쪽 테두리를 수놓을 때는 도안에 그려진 사
   물을 피해서 수놓기 바랍니다.

2 한라산을 포함한 지도 안쪽 테두리는 DMC 25번사
   580, 2올로 아웃라인 스티치를 수놓습니다.

3 지명은 DMC 25번사 3799, 1올로 백 스티치를 수놓습
   니다.

4 제주도와 각각의 섬을 잇는 선은 DMC 25번사 422, 1
   올로 아웃라인 스티치를 수놓습니다.

PANDA'S TIP 지명을 포함한 모든 글자에 있는 곡선 부분은 오픈 레이지 데이지 스티치를 수놓고,
O은 오픈 레이지 데이지 스티치 2개를 붙여 수놓습니다.
스티치 과정은 15쪽, QR코드 동영상에 있습니다.

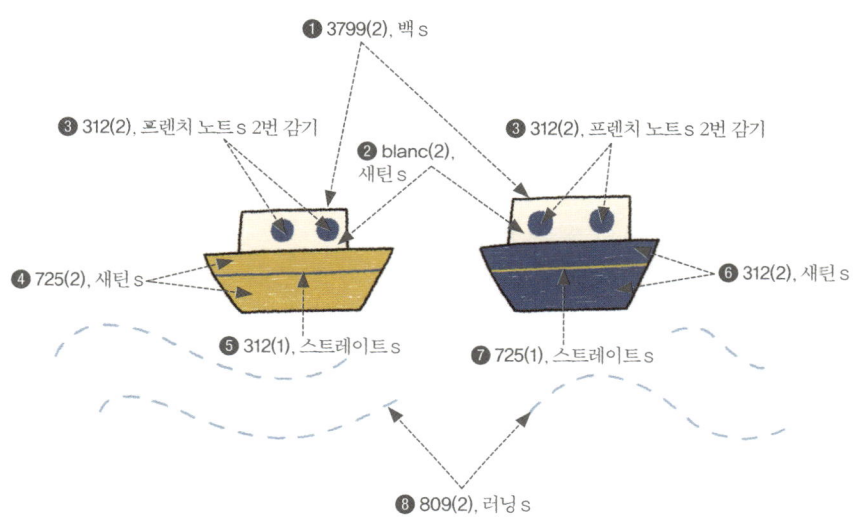

❶ 3799(2), 백 s

❸ 312(2), 프렌치 노트 s 2번 감기

❷ blanc(2), 새틴 s

❸ 312(2), 프렌치 노트 s 2번 감기

❹ 725(2), 새틴 s

❻ 312(2), 새틴 s

❺ 312(1), 스트레이트 s

❼ 725(1), 스트레이트 s

❽ 809(2), 러닝 s

배

1 배의 테두리는 DMC 25번사 3799, 2올로 백 스티치를 수놓습니다.

2 배의 윗부분은 DMC 25번사 blanc, 2올로 새틴 스티치를 가로 방향으로 수놓아 게워 줍니다.

3 배의 창문은 DMC 25번사 312, 2올로 프렌치 노트 스티치 2번 감기하여 수놓습니다.

4 노란색 배의 아랫부분은 DMC 25번사 725, 2올로 새틴 스티치를 가로 방향으로 수놓아 메워 줍니다.

5 노란색 배의 줄무늬는 DMC 25번사 312, 1올로 스트레이트 스티치를 수놓습니다.

6 파란색 배의 아랫부분은 DMC 25번사 312, 2올로 새틴 스티치를 가로 방향으로 수놓아 메워 줍니다.

7 파란색 배의 줄무늬는 DMC 25번사 725, 1올로 스트레이트 스티치를 수놓습니다.

8 물결은 DMC 25번사 809, 2올로 러닝 스티치를 수놓습니다.

PANDA'S TIP 제주도 지도에 있는 모든 배와 물결은 1~8번 과정과 같이 수놓습니다.

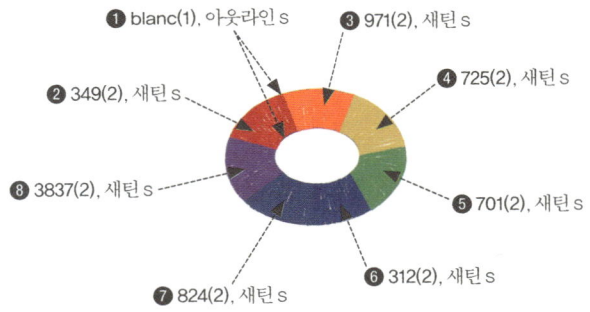

❶ blanc(1), 아웃라인 s
❸ 971(2), 새틴 s
❹ 725(2), 새틴 s
❷ 349(2), 새틴 s
❺ 701(2), 새틴 s
❽ 3837(2), 새틴 s
❻ 312(2), 새틴 s
❼ 824(2), 새틴 s

❿ 347(2), 새틴 s
⓫ blanc(2), 새틴 s
❾ 3799(2), 아웃라인 s

튜브 & 파라솔

1. 튜브의 안쪽, 바깥쪽 테두리는 DMC 25번사 blanc, 1올로 아웃라인 스티치를 수놓습니다.

2. 빨간색은 DMC 25번사 349, 2올로 테두리를 감싸며 새틴 스티치를 수놓아 메워 줍니다.

3. 주황색은 DMC 25번사 971, 2올로 테두리를 감싸며 새틴 스티치를 수놓아 메워 줍니다.

4. 노란색은 DMC 25번사 725, 2올로 테두리를 감싸며 새틴 스티치를 수놓아 메워 줍니다.

5. 초록색은 DMC 25번사 701, 2올로 테두리를 감싸며 새틴 스티치를 수놓아 메워 줍니다.

6. 파란색은 DMC 25번사 312, 2올로 테두리를 감싸며 새틴 스티치를 수놓아 메워 줍니다.

7. 남색은 DMC 25번사 824, 2올로 테두리를 감싸며 새틴 스티치를 수놓아 메워 줍니다.

8. 보라색은 DMC 25번사 3837, 2올로 테두리를 감싸며 새틴 스티치를 수놓아 메워 줍니다.

9. 파라솔의 테두리는 DMC 25번사 3799, 2올로 아웃라인 스티치를 수놓습니다.

10. 파라솔의 빨간색 부분은 DMC 25번사 347, 2올로 새틴 스티치를 세로 방향으로 수놓아 메워 줍니다.

11. 파라솔의 흰색 부분은 DMC 25번사 blanc, 2올로 새틴 스티치를 세로 방향으로 수놓아 메워 줍니다.

PANDA'S TIP 제주도 지도에 있는 모든 튜브와 파라솔은 1~11번 과정과 같이 수놓습니다.

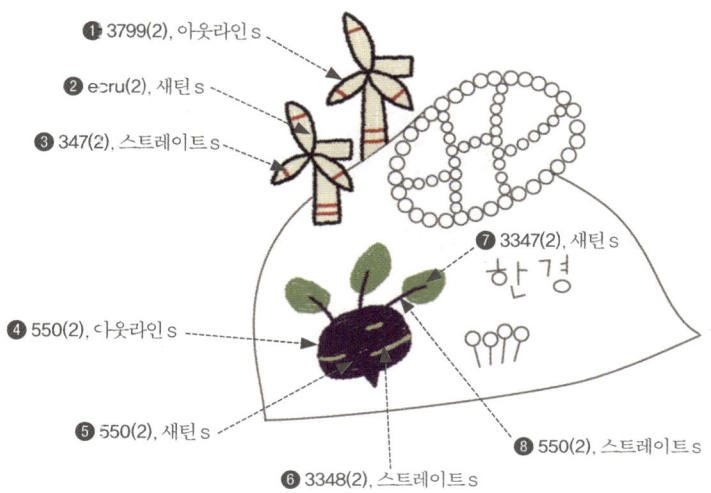

① 3799(2), 아웃라인 s

② ecru(2), 새틴 s

③ 347(2), 스트레이트 s

⑦ 3347(2), 새틴 s

한경

④ 550(2), 다웃라인 s

⑤ 550(2), 새틴 s

⑥ 3348(2), 스트레이트 s

⑧ 550(2), 스트레이트 s

한경

1 풍력발전기의 테두리는 DMC 25번사 3799, 2올로 아웃라인 스티치를 수놓습니다.

2 풍력발전기는 DMC 25번사 ecru, 2올로 새틴 스티치를 수놓아 메워 줍니다.

3 풍력발전기의 무늬는 DMC 25번사 347, 2올로 스트레이트 스티치를 수놓습니다.

4 콜라비의 테두리는 DMC 25번사 550, 2올로 아웃라인 스티치를 수놓습니다.

5 콜라비는 DMC 25번사 550, 2올로 새틴 스티치를 수놓아 메워 줍니다.

6 콜라비의 홈집은 DMC 25번사 3348, 2올로 스트레이트 스티치를 수놓습니다.

7 콜라비의 잎은 DMC 25번사 3347, 2올로 새틴 스티치를 수놓아 메워 줍니다.

8 줄기는 DMC 25번사 550, 2올로 스트레이트 스티치를 수놓습니다.

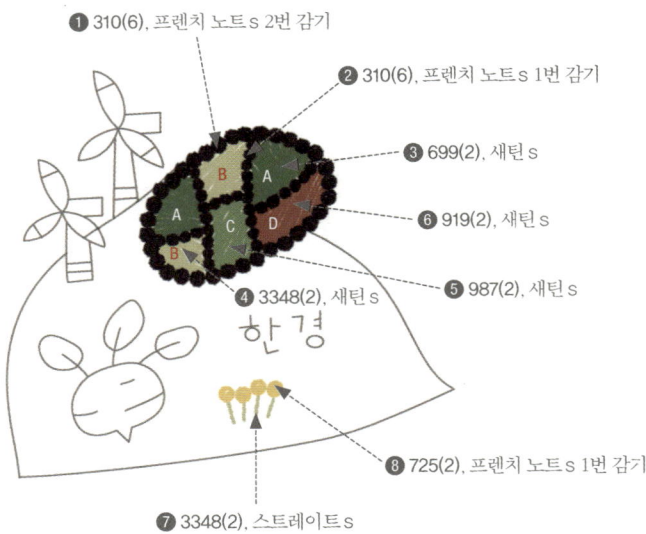

❶ 310(6), 프렌치 노트 s 2번 감기

❷ 310(6), 프렌치 노트 s 1번 감기

❸ 699(2), 새틴 s

❻ 919(2), 새틴 s

❺ 987(2), 새틴 s

❹ 3348(2), 새틴 s

한경

❽ 725(2), 프렌치 노트 s 1번 감기

❼ 3348(2), 스트레이트 s

한경

1 밭의 바깥쪽 테두리는 DMC 25번사 310, 6올로 프렌치 노트 스티치 2번 감기하여 수놓습니다.

2 밭의 안쪽 테두리는 DMC 25번사 310, 6올로 프렌치 노트 스티치 1번 감기하여 수놓습니다.

3 A 밭은 DMC 25번사 699, 2올로 새틴 스티치를 수놓아 메워 줍니다.

4 B 밭은 DMC 25번사 3348, 2올로 새틴 스티치를 수놓아 메워 줍니다.

5 C 밭은 DMC 25번사 987, 2올로 새틴 스티치를 수놓아 메워 줍니다.

6 D 밭은 DMC 25번사 919, 2올로 새틴 스티치를 수놓아 메워 줍니다.

7 유채꽃의 줄기는 DMC 25번사 3348, 2올로 스트레이트 스티치를 수놓습니다.

8 유채꽃은 DMC 25번사 725, 2올로 프렌치 노트 스티치 1번 감기하여 수놓습니다.

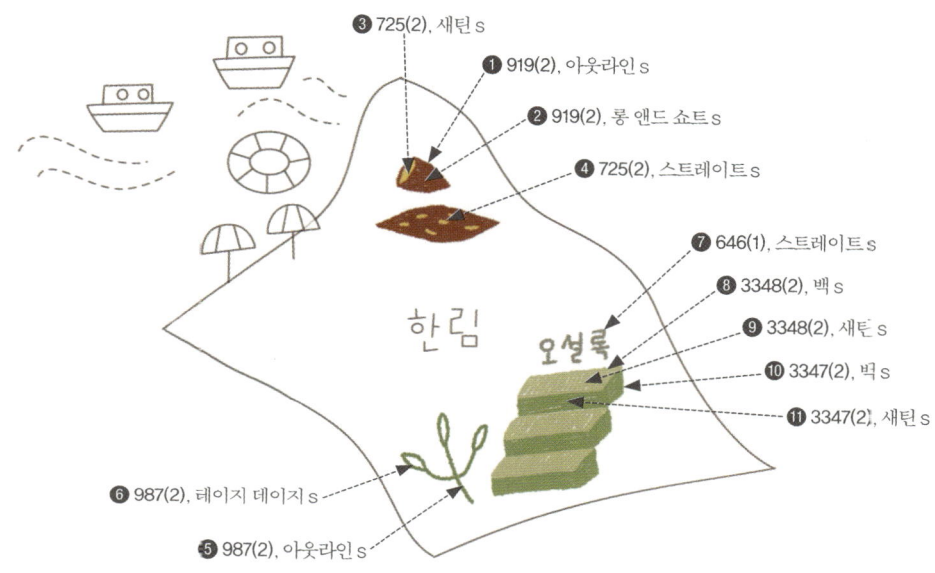

❸ 725(2), 새틴 s

❶ 919(2), 아웃라인 s

❷ 919(2), 롱 앤드 쇼트 s

❹ 725(2), 스트레이트 s

❼ 646(1), 스트레이트 s

❽ 3348(2), 백 s

❾ 3348(2), 새틴 s

❿ 3347(2), 빅 s

⓫ 3347(2), 새틴 s

한림

오설록

❻ 987(2), 테이지 데이지 s

❺ 987(2), 아웃라인 s

한림

1 고구마의 테두리는 DMC 25번사 919, 2올로 아웃라
인 스티치를 수놓습니다.

2 고구마 몸통은 DMC 25번사 919, 2올로 롱 앤드 쇼트
스티치를 수놓아 메워 줍니다.

3 고구마 단면은 DMC 25번사 725, 2올로 새틴 스티치
를 수놓아 메워 줍니다.

4 고구마의 흠집은 DMC 25번사 725, 2올로 스트레이
트 스티치를 수놓습니다.

5 녹차 줄기는 DMC 25번사 987, 2올로 아웃라인 스티
치를 수놓습니다.

6 녹차 잎은 DMC 25번사 987, 2올로 레이지 데이지 스
티치를 수놓습니다.

7 오설록은 DMC 25번사 646, 1올로 스트레이트 스티
치를 수놓습니다.

8 녹차밭 윗면의 테두리는 DMC 25번사 3348, 2올로 백
스티치를 수놓습니다.

9 녹차밭 윗면은 DMC 25번사 3348, 2올로 테두리를 감
싸며 새틴 스티치를 수놓아 메워 줍니다.

10 녹차밭 옆면의 테두리는 DMC 25번사 3347, 2올로 백
스티치를 수놓습니다.

11 녹차밭 옆면은 DMC 25번사 3347, 2올로 새틴 스티치
를 수놓아 메워 줍니다.

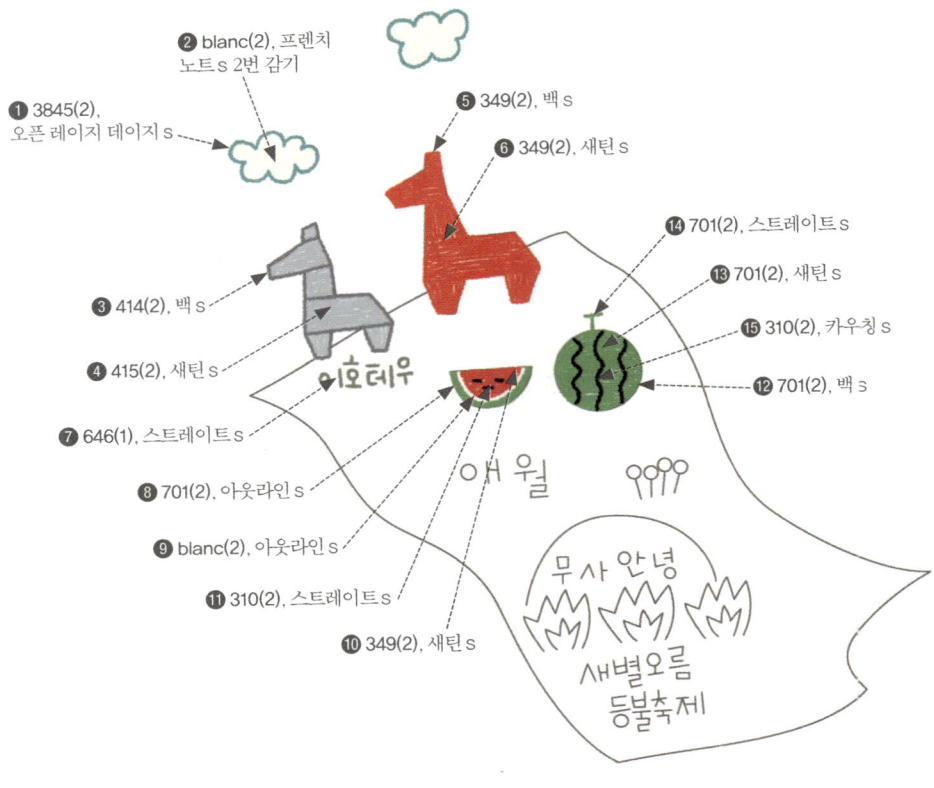

❷ blanc(2), 프렌치
노트 s 2번 감기

❶ 3845(2),
오픈 레이지 데이지 s

❺ 349(2), 백 s

❻ 349(2), 새틴 s

❸ 414(2), 백 s

❹ 415(2), 새틴 s

이호테우

❼ 646(1), 스트레이트 s

❽ 701(2), 아웃라인 s

❾ blanc(2), 아웃라인 s

⓫ 310(2), 스트레이트 s

⓾ 349(2), 새틴 s

⓮ 701(2), 스트레이트 s

⓭ 701(2), 새틴 s

⓯ 310(2), 카우칭 s

⓬ 701(2), 백 s

애월

무사 안녕

새별오름
등불축제

애월

1 구름의 테두리는 DMC 25번사 3845, 2올로 오픈 레이지 데이지 스티치를 수놓아 연결합니다.

2 구름은 DMC 25번사 blanc, 2올로 프렌치 노트 스티치 2번 감기하여 수놓습니다.

3 왼쪽 말의 테두리는 DMC 25번사 414, 2올로 백 스티치를 수놓습니다.

4 왼쪽 말은 DMC 25번사 415, 2올로 새틴 스티치를 수놓아 메워 줍니다.

5 오른쪽 말의 테두리는 DMC 25번사 349, 2올로 백 스티치를 수놓습니다.

6 오른쪽 말은 DMC 25번사 349, 2올로 새틴 스티치를 수놓아 메워 줍니다.

7 이호테우는 DMC 25번사 646, 1올로 스트레이트 스티치를 수놓습니다.

8 잘린 수박 껍질은 DMC 25번사 701, 2올로 아웃라인 스티치를 수놓습니다.

9 잘린 수박의 속껍질은 DMC 25번사 blanc, 2올로 아웃라인 스티치를 수놓습니다.

10 잘린 수박의 속은 DMC 25번사 349, 2올로 가로 방향 새틴 스티치를 수놓아 메워 줍니다.

11 수박 씨는 DMC 25번사 310, 2올로 스트레이트 스티치를 수놓습니다.

12 통수박 껍질의 테두리는 DMC 25번사 701, 2올로 백 스티치를 수놓습니다.

13 통수박 껍질은 DMC 25번사 701, 2올로 껍질 테두리를 감싸며 새틴 스티치를 수놓아 메워 줍니다.

14 수박 꼭지는 DMC 25번사 701, 2올로 스트레이트 스티치를 수놓습니다.

15 통수박 줄무늬는 DMC 25번사 310, 2올로 카우칭 스티치를 수놓습니다.

❷ 725(2), 프렌치 노트 s 1번 감기

❶ 3348(2), 스트레이트 s

❾ 436(2), 롱 앤드 쇼트 s

❽ 436(2), 아웃라인 s

❹ 350(2), 새틴 s

❿ 310(1), 스트레이트 s

❼ 349(2), 새틴 s

❸ 350(2), 아웃라인 s

❻ 349(2), 아웃라인 s

❺ 725(2), 스트레이트 s

⓫ 646(1), 스트레이트 s

이호테우

애월

무사안녕

새별오름
등불축제

애월

1 유채꽃 줄기는 DMC 25번사 3348, 2올로 스트레이트 스티치를 수놓습니다.

2 유채꽃은 DMC 25번사 725, 2올로 프렌치 노트 스티치 1번 감기하여 수놓습니다.

3 주황색 불꽃의 테두리는 DMC 25번사 350, 2올로 아웃라인 스티치를 수놓습니다.

4 주황색 불꽃은 DMC 25번사 350, 2올로 새틴 스티치를 수놓아 메워 줍니다.

5 노란색 불꽃은 DMC 25번사 725, 2올로 스트레이트 스티치를 3개 수놓습니다.

6 빨간색 불꽃의 테두리는 DMC 25번사 349, 2올로 아웃라인 스티치를 수놓습니다.

7 빨간색 불꽃은 DMC 25번사 349, 2올로 새틴 스티치로 수놓아 메워 줍니다.

PANDA'S TIP 주황색 불꽃, 노란색 불꽃, 빨간색 불꽃 순으로 수를 놓아야 작업하기 편합니다.

8 오름의 테두리는 DMC 25번사 436, 2올로 아웃라인 스티치를 수놓습니다.

9 오름은 DMC 25번사 436, 2올로 롱 앤드 쇼트 스티치를 수놓아 메워 줍니다.

10 무사안녕은 DMC 25번사 310, 1올로 스트레이트 스티치를 수놓습니다.

11 새별오름등불축제는 DMC 25번사 646, 1올로 스트레이트 스티치를 수놓습니다.

❶ 3845(2), 백 s
❷ 3845(2), 새틴 s
❼ 989(2), 스트레이트 s
❹ 646(1), 스트레이트 s
❸ 310(2), 새틴 s
❺ 433(2), 스트레이트 s
❻ 435(1), 스트레이트 s
❾ 725(2), 프렌치 노트 s 1번 감기
❽ 3348(2), 스트레이트 s
⓫ 3799(1), 스트레이트 s
❿ 3731(2), 아웃라인 s
⓬ 646(1), 스트레이트 s

용두암
제주도
제주
삼성혈

제주

1 비행기의 테두리는 DMC 25번사 3845, 2올로 백 스티치를 수놓습니다.

2 비행기는 DMC 25번사 3845, 2올로 테두리를 감싸며 새틴 스티치를 수놓아 메워 줍니다.

3 용두암은 DMC 25번사 310, 2올로 새틴 스티치를 수놓아 메워 줍니다.

4 용두암(글자)은 DMC 25번사 646, 1올로 스트레이트 스티치를 수놓습니다.

5 야자수의 갈색 부분은 DMC 25번사 433, 2올로 스트레이트 스티치를 3줄 수놓습니다.

6 야자수의 빗금 무늬는 DMC 25번사 435, 1올로 스트레이트 스티치를 사선 방향으로 3줄 수놓습니다.

7 야자수 잎은 DMC 25번사 989, 2올로 스트레이트 스티치를 수놓습니다.

8 유채꽃 줄기는 DMC 25번사 3348, 2올로 스트레이트 스티치를 수놓습니다.

9 유채꽃은 DMC 25번사 725, 2올로 프렌치 노트 스티치 1번 감기하여 수놓습니다.

10 말풍선은 DMC 25번사 3731, 2올로 아웃라인 스티치를 수놓습니다.

11 제주도는 DMC 25번사 3799 1올로 스트레이트 스티치를 수놓습니다.

12 삼성혈(글자)은 DMC 25번사 646, 1올로 스트레이트 스티치를 수놓습니다.

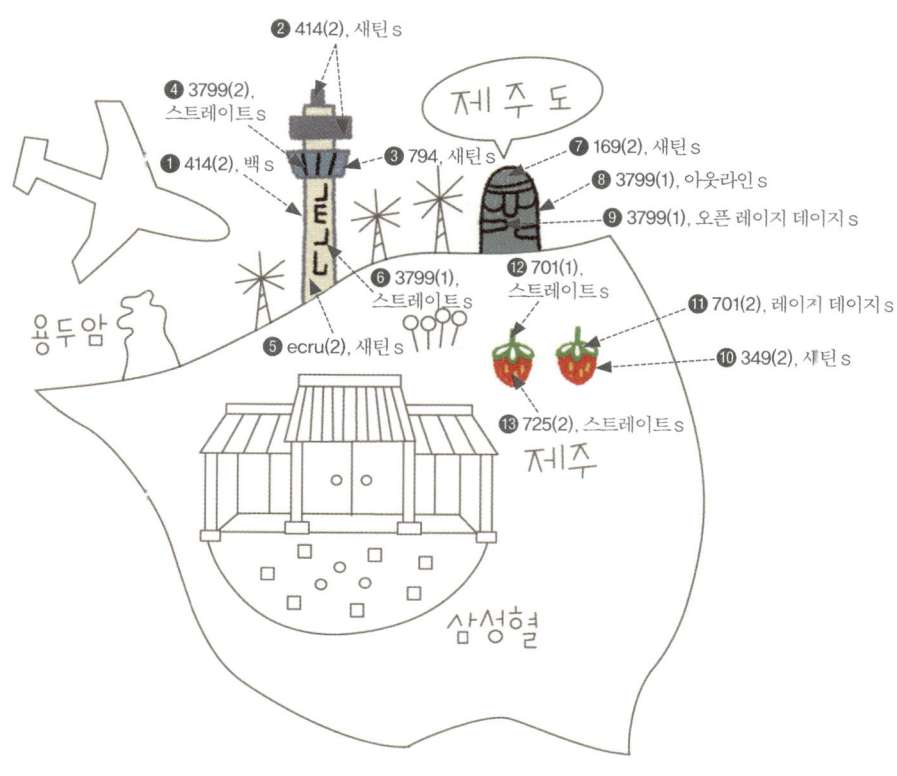

제주

1 관제탑의 테두리는 DMC 25번사 414, 2올로 백 스티치를 수놓습니다.

2 관제탑의 윗부분 중에서 회색으로 칠한 곳은 DMC 25번사 414, 2올로 새틴 스티치를 수놓아 메워 줍니다.

3 창문은 DMC 25번사 794, 2올로 새틴 스티치를 수놓아 메워 줍니다.

4 창문의 경계선은 DMC 25번사 3799, 1올로 스트레이트 스티치를 수놓습니다.

5 관제탑의 기둥은 DMC 25번사 ecru, 2올로 새틴 스티치를 수놓아 메워 줍니다.

6 JEJU는 DMC 25번사 3799, 1올로 스트레이트 스티치를 수놓습니다.

7 돌하르방은 DMC 25번사 169, 2올로 새틴 스티치를 세로 방향으로 수놓아 메워 줍니다.

8 돌하르방의 테두리는 DMC 25번사 3799, 1올로 아웃라인 스티치를 수놓습니다. 이때 돌하르방의 눈, 코, 손은 수놓지 않습니다.

9 돌하르방의 눈, 코, 손은 DMC 25번사 3799, 1올로 오픈 레이지 데이지를 수놓습니다.

10 딸기는 DMC 25번사 349, 2올로 새틴 스티치를 수놓아 메워 줍니다.

11 딸기의 꽃받침은 DMC 25번사 701, 2올로 레이지 데이지 스티치를 수놓습니다.

12 딸기 꼭지는 DMC 25번사 701, 1올토 스트레이트 스티치를 짧게 수놓습니다.

13 딸기 씨는 DMC 25번사 725, 2올, 스트레이트 스티치를 수놓습니다.

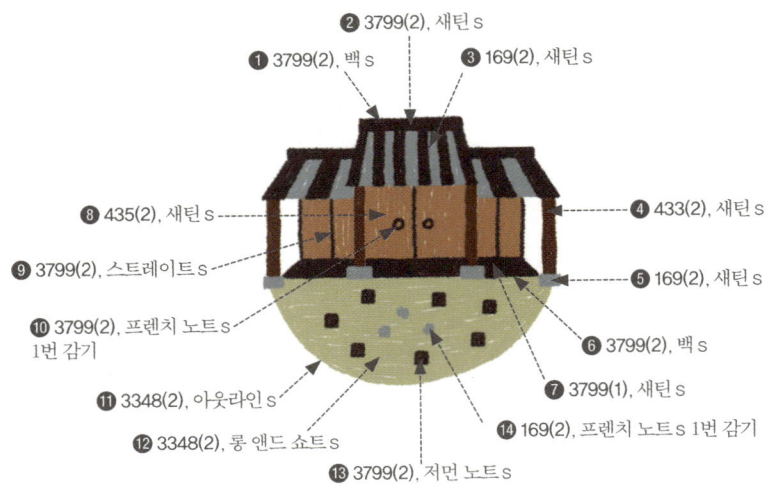

❶ 3799(2), 백 s

❷ 3799(2), 새틴 s

❸ 169(2), 새틴 s

❽ 435(2), 새틴 s

❹ 433(2), 새틴 s

❾ 3799(2), 스트레이트 s

❺ 169(2), 새틴 s

❿ 3799(2), 프렌치 노트 s
1번 감기

❻ 3799(2), 백 s

⓫ 3348(2), 아웃라인 s

❼ 3799(1), 새틴 s

⓬ 3348(2), 롱 앤드 쇼트 s

⓮ 169(2), 프렌치 노트 s 1번 감기

⓭ 3799(2), 저먼 노트 s

제주

1 진회색 기와의 테두리는 DMC 25번사 3799, 2올로 백 스티치를 수놓습니다.

2 진회색 기와는 DMC 25번사 3799, 2올로 새틴 스티치를 수놓아 메워 줍니다.

3 연회색 기와는 DMC 25번사 169, 2올로 새틴 스티치를 수놓아 메워 줍니다.

4 기둥은 DMC 25번사 433, 2올로 새틴 스티치를 세로 방향으로 수놓아 메워 줍니다.

5 주춧돌은 DMC 25번사 169, 2올로 새틴 스티치를 수놓아 메워 줍니다.

6 바닥 쪽의 테두리는 DMC 25번사 3799, 2올로 백 스티치를 수놓습니다.

7 삼성혈의 바닥은 DMC 25번사 3799, 1올로 새틴 스티치를 수놓아 메워 줍니다.

8 문은 DMC 25번사 435, 2올로 새틴 스티치를 세로 방향으로 수놓아 메워 줍니다.

9 문의 경계선은 DMC 25번사 3799, 2올로 스트레이트 스티치를 수놓습니다.

10 문고리는 DMC 25번사 3799, 2올로 프렌치 노트 스티치 1번 감기하여 수놓습니다.

11 잔디밭의 테두리는 DMC 25번사 3348, 2올로 아웃라인 스티치를 수놓습니다.

12 잔디밭은 DMC 25번사 3348 2올로 롱 앤드 쇼트 스티치를 가로 방향으로 수놓습니다.

13 비석은 DMC 25번사 3799, 2올로 저먼 노트 스티치를 수놓습니다.

14 돌은 DMC 25번사 169, 2올로 프렌치 노트 스티치 1번 감기하여 수놓습니다.

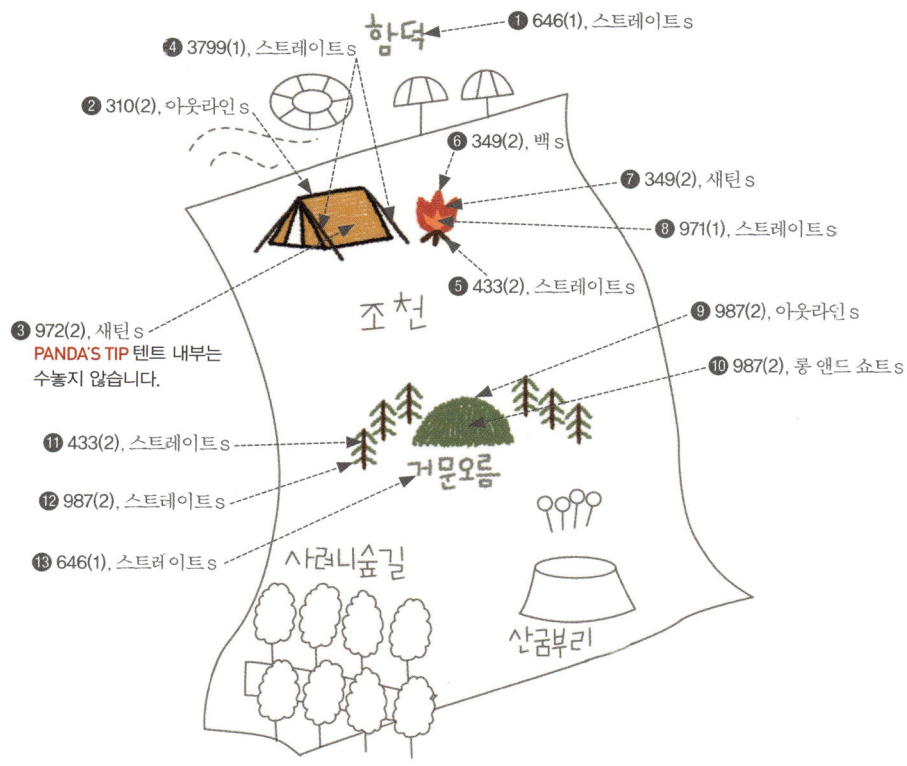

① 646(1), 스트레이트 s
④ 3799(1), 스트레이트 s
함덕
② 310(2), 아웃라인 s
⑥ 349(2), 백 s
⑦ 349(2), 새틴 s
⑧ 971(1), 스트레이트 s
⑤ 433(2), 스트레이트 s
조천
③ 972(2), 새틴 s
PANDA'S TIP 텐트 내부는
수놓지 않습니다.
⑨ 987(2), 아웃라인 s
⑩ 987(2), 롱 앤드 쇼트 s
⑪ 433(2), 스트레이트 s
거문오름
⑫ 987(2), 스트레이트 s
⑬ 646(1), 스트러이트 s
사려니숲길
산굼부리

조천

1 함덕(글자)은 DMC 25번사 646, 1올로 스트레이트 스 티치를 수놓습니다.

2 텐트의 테두리는 DMC 25번사 310, 2올로 아웃라인 스티치를 수놓습니다.

3 텐트는 DMC 25번사 972, 2올로 새틴 스티치를 수놓 아 메워 줍니다.

4 텐트 끈은 DMC 25번사 3799, 1올로 스트레이트 스 티치를 수놓습니다.

5 장작개비는 DMC 25번사 433, 2올로 스트레이트 스 티치를 수놓습니다.

6 빨간 불꽃의 테두리는 DMC 25번사 349, 2올로 백 스 티치를 수놓습니다.

7 빨간 불꽃은 DMC 25번사 349, 2올로 새틴 스티치를 수놓아 메워 줍니다.

8 주황색 불꽃은 DMC 25번사 971, 1올로 스트레이트 스티치를 수놓습니다.

9 거문오름의 테두리는 DMC 25번사 987, 2올로 아웃 라인 스티치를 수놓습니다.

10 거문오름은 DMC 25번사 987, 2올로 롱 앤드 쇼트 스 티치를 수놓아 메워 줍니다.

11 나무 몸통은 DMC 25번사 433, 2올로 스트레이트 스 티치를 세로 방향으로 2줄 수놓습니다.

12 나뭇잎은 DMC 25번사 987, 2올로 스트레이트 스티 치를 수놓습니다.

13 거문오름(글자)은 DMC 25번사 646, 1올로 스트레이 트 스티치를 수놓습니다.

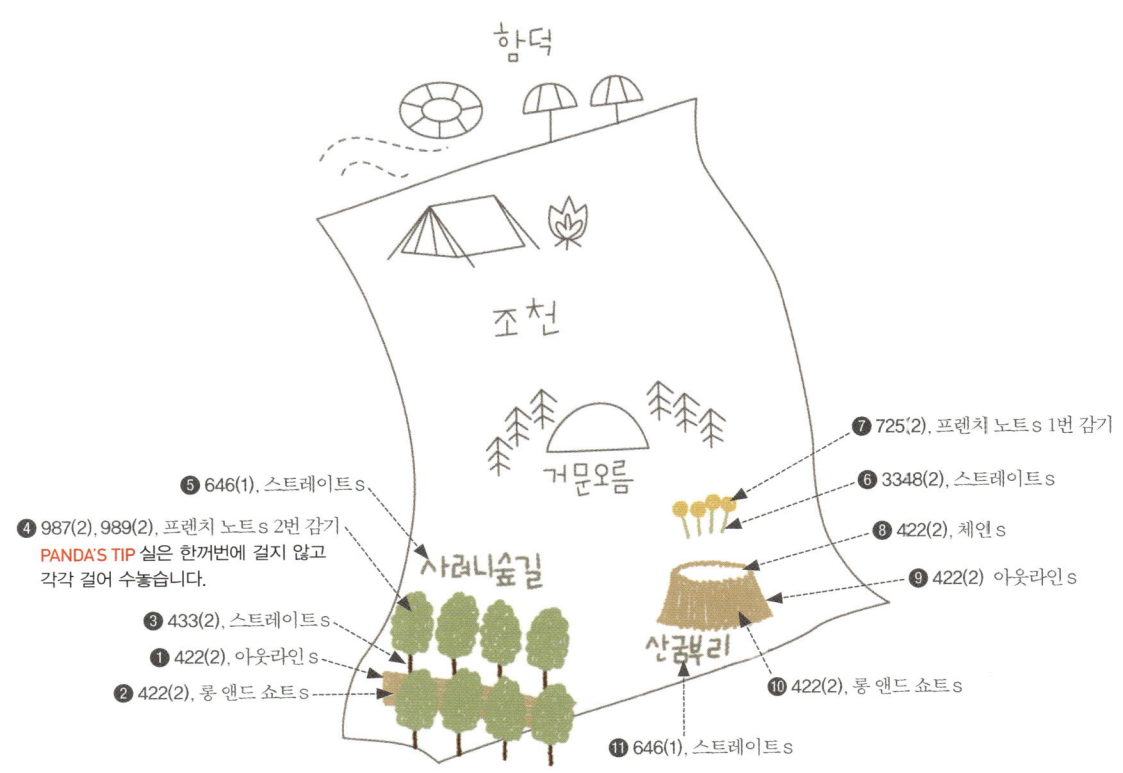

함덕

조천

거문오름

⑤ 646(1), 스트레이트 s

④ 987(2), 989(2), 프렌치 노트 s 2번 감기
PANDA'S TIP 실은 한꺼번에 걸지 않고
각각 걸어 수놓습니다.

사려니숲길

③ 433(2), 스트레이트 s

① 422(2), 아웃라인 s

② 422(2), 롱 앤드 쇼트 s

⑦ 725(2), 프렌치 노트 s 1번 감기

⑥ 3348(2), 스트레이트 s

⑧ 422(2), 체인 s

⑨ 422(2) 아웃라인 s

산굼부리

⑩ 422(2), 롱 앤드 쇼트 s

⑪ 646(1), 스트레이트 s

조천

1 도로의 테두리는 DMC 25번사 422, 2올로 아웃라인 스티치를 수놓습니다.

2 도로는 DMC 25번사 422, 2올로 롱 앤드 쇼트 스티치를 수놓아 메워 줍니다.

3 나무 몸통은 DMC 25번사 433, 2올로 스트레이트 스티치를 세로 방향으로 2줄 수놓습니다.

4 나뭇잎은 DMC 25번사 987, 2올과 989, 2올을 각각 프렌치 노트 스티치 2번 감기하여 수놓습니다.

5 사려니숲길(글자)은 DMC 25번사 646, 1올로 스트레이트 스티치를 수놓습니다.

6 유채꽃 줄기는 DMC 25번사 3348, 2올로 스트레이트 스티치를 수놓습니다.

7 유채꽃은 DMC 25번사 725, 2올로 프렌치 노트 스티치 1번 감기하여 수놓습니다.

8 산굼부리의 산등선은 DMC 25번사 422, 2올로 체인 스티치를 수놓습니다.

9 산굼부리의 산줄기는 DMC 25번사 422, 2올로 아웃라인 스티치를 수놓습니다.

10 산굼부리는 DMC 25번사 422, 2올로 롱 앤드 쇼트 스티치를 수놓아 메워 줍니다.

11 산굼부리(글자)는 DMC 25번사 646, 1올로 스트레이트 스티치를 수놓습니다. 이때 분화구는 수놓지 않습니다.

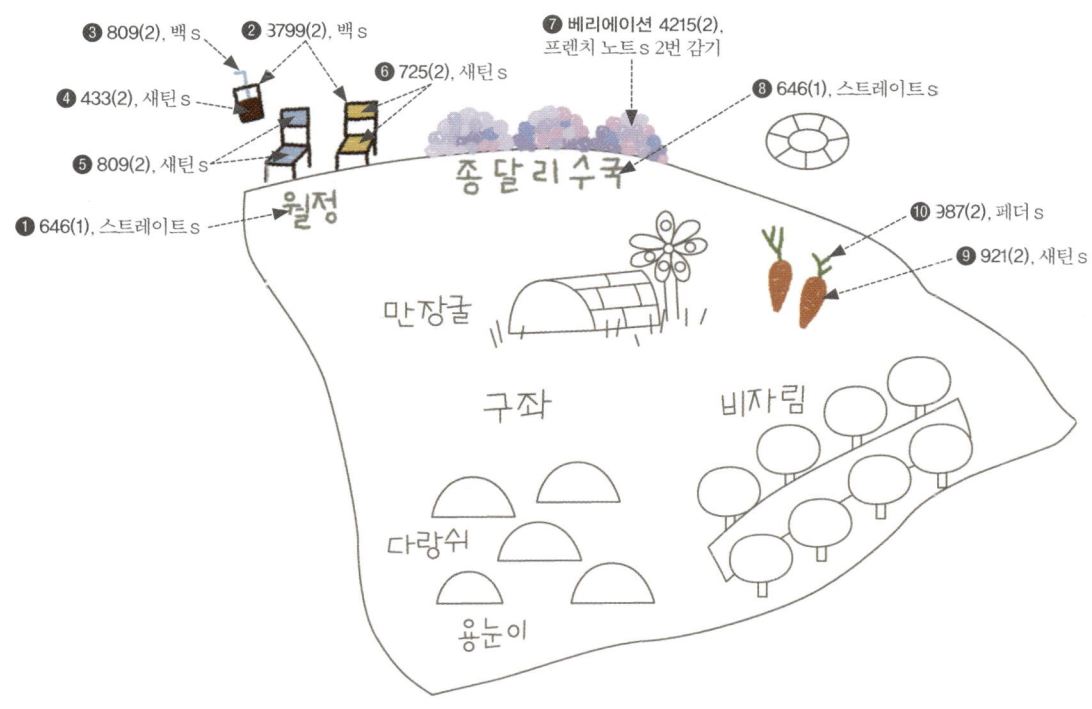

③ 809(2), 백 s   ② 3799(2), 백 s
④ 433(2), 새틴 s   ⑥ 725(2), 새틴 s
⑤ 809(2), 새틴 s
⑦ 베리에이션 4215(2),
프렌치 노트 s 2번 감기
⑧ 646(1), 스트레이트 s
① 646(1), 스트레이트 s   월정
종달리수국
⑩ 987(2), 페더 s
⑨ 921(2), 새틴 s
만장굴
구좌   비자림
다랑쉬
용눈이

구좌

1 월정(글자)은 DMC 25번사 646, 1올로 스트레이트 스티치를 수놓습니다.

2 의자, 컵의 테두리는 DMC 25번사 3799, 2올로 백 스티치를 수놓습니다.

3 빨대는 DMC 25번사 809, 2올로 백 스티치를 수놓습니다.

4 커피는 DMC 25번사 433, 2올로 새틴 스티치를 수놓아 메워 줍니다.

5 하늘색 의자는 DMC 25번사 809, 2올로 새틴 스티치를 수놓아 메워 줍니다.

6 노란색 의자는 DMC 25번사 725, 2올로 새틴 스티치를 수놓아 메워 줍니다.

7 수국은 DMC 베리에이션 4215, 2올로 프렌치 노트 스티치 2번 감기하여 수놓아 메워 줍니다.

8 종달리수국(글자)은 DMC 25번사 646, 1올로 스트레이트 스티치를 수놓습니다.

9 당근은 DMC 25번사 921, 2올로 새틴 스티치를 수놓아 메워 줍니다.

10 당근 줄기는 DMC 25번사 987, 2올로 페더 스티치를 수놓습니다.

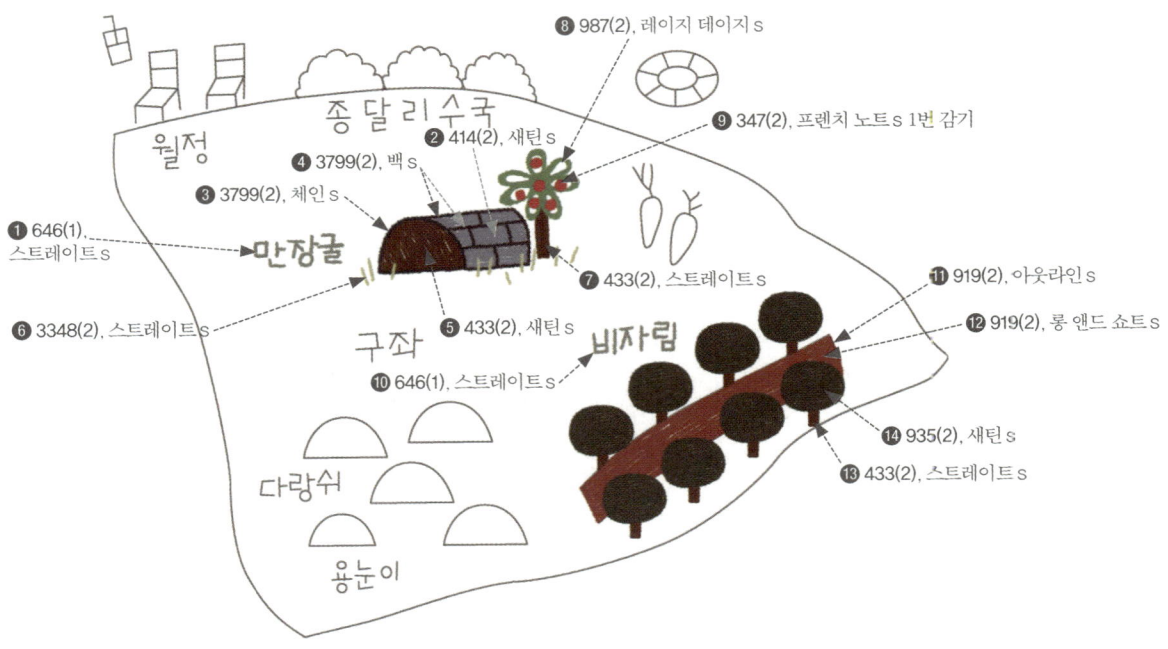

8 987(2), 레이지 데이지 s

9 347(2), 프렌치 노트 s 1번 감기

종 달 리 수 국

월정

2 414(2), 새틴 s

4 3799(2), 백 s

3 3799(2), 체인 s

❶ 646(1),
스트레이트 s

만장굴

❻ 3348(2), 스트레이트 s

구좌

❺ 433(2), 새틴 s

7 433(2), 스트레이트 s

비자림

⓫ 919(2), 아웃라인 s

⓬ 919(2), 롱 앤드 쇼트 s

❿ 646(1), 스트레이트 s

⓮ 935(2), 새틴 s

⓭ 433(2), 스트레이트 s

다랑쉬

용눈이

구좌

1 만장굴(글자)은 DMC 25번사 646, 1올로 스트레이트 스티치를 수놓습니다.

2 만장굴 옆면은 DMC 25번사 414, 2올로 새틴 스티치를 수놓아 메워 줍니다.

3 만장굴 입구는 DMC 25번사 3799, 2올로 체인 스티치를 수놓습니다.

4 만장굴의 테두리와 옆면의 무늬는 DMC 25번사 3799, 2올로 백 스티치를 수놓습니다.

5 만장굴 내부는 DMC 25번사 433, 2올로 새틴 스티치를 수놓아 메워 줍니다.

6 잔디는 DMC 25번사 3348, 2올로 스트레이트 스티치를 수놓습니다.

7 나무 몸통은 DMC 25번사 433, 2올로 스트레이트 스티치를 세로 방향으로 2줄 수놓습니다.

8 나뭇잎은 DMC 25번사 987, 2올로 레이지 데이지 스티치를 수놓습니다.

9 열매는 DMC 25번사 347, 2올로 프렌치 노트 스티치 1번 감기하여 수놓습니다.

10 비자림(글자)은 DMC 25번사 646, 1올로 스트레이트 스티치를 수놓습니다.

11 비자림 도로의 테두리는 DMC 25번사 919, 2올로 아웃라인 스티치를 수놓습니다.

12 바지림 도로는 DMC 25번사 919, 2올로 롱 앤드 쇼트 스티치를 수놓아 메워 줍니다.

13 나무 몸통은 DMC 25번사 433, 2올로 스트레이트 스티치를 세로 방향으로 2줄 수놓습니다.

14 나뭇잎은 DMC 25번사 935, 2올로 새틴 스티치를 수놓아 메워 줍니다.

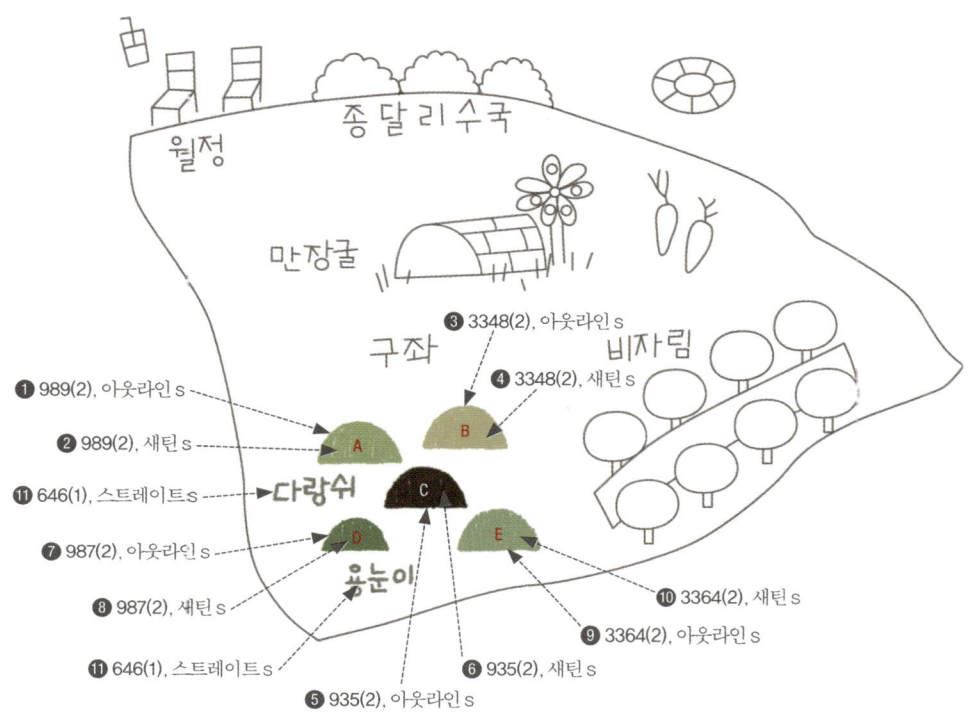

① 989(2), 아웃라인 s
② 989(2), 새틴 s
⑪ 646(1), 스트레이트 s
⑦ 987(2), 아웃라인 s
⑧ 987(2), 새틴 s
⑪ 646(1), 스트레이트 s
⑤ 935(2), 아웃라인 s
③ 3348(2), 아웃라인 s
④ 3348(2), 새틴 s
⑩ 3364(2), 새틴 s
⑨ 3364(2), 아웃라인 s
⑥ 935(2), 새틴 s

월정 종달리수국 만장굴 구좌 비자림 다랑쉬 용눈이

구좌

1 A 오름의 테두리는 DMC 25번사 989, 2올로 아웃라인 스티치를 수놓습니다.

2 A 오름은 DMC 25번사 989, 2올로 테두리를 감싸며 새틴 스티치를 수놓아 메워 줍니다.

3 B 오름의 테두리는 DMC 25번사 3348, 2올로 아웃라인 스티치를 수놓습니다.

4 B 오름은 DMC 25번사 3348, 2올로 테두리를 감싸며 새틴 스티치를 수놓아 메워 줍니다.

5 C 오름의 테두리는 DMC 25번사 935, 2올로 아웃라인 스티치를 수놓습니다.

6 C 오름은 DMC 25번사 935, 2올로 테두리를 감싸며 새틴 스티치를 수놓아 메워 줍니다.

7 D 오름의 테두리는 DMC 25번사 987, 2올로 아웃라인 스티치를 수놓습니다.

8 D 오름은 DMC 25번사 987, 2올로 테두리를 감싸며 새틴 스티치를 수놓아 메워 줍니다.

9 E 오름의 테두리는 DMC 25번사 3364, 2올로 아웃라인 스티치를 수놓습니다.

10 E 오름은 DMC 25번사 3364, 2올로 테두리를 감싸며 새틴 스티치를 수놓아 메워 줍니다.

11 다랑쉬, 용눈이는 DMC 25번사 646, 1올로 스트레이트 스티치를 수놓습니다.

① 646(1), 스트레이트 s
② 422(2), 체인 s
③ 3348(2), 새틴 s
④ 987(2), 아웃라인 s
⑤ 987(2), 롱 앤드 쇼트 s
⑦ 435(2), 스트레이트 s
⑩ 433(2), 스트레이트 s
⑨ 433(2), 프렌치 노트 s 1번 감기
⑧ 422(2), 새틴 s
⑫ 725(2), 프렌치 노트 s 2번 감기
⑪ 989(1), 스트레이트 s
⑥ 435(2), 새틴 s

우도

성산 일출봉

성산

성산

1 성산일출봉(글자)은 DMC 25번사 646, 1올로 스트레이트 스티치를 수놓습니다.

2 성산일출봉의 산등선은 DMC 25번사 422, 2올로 체인 스티치를 수놓습니다.

3 성산일출봉의 분화구는 DMC 25번사 3348, 2올로 새틴 스티치를 수놓아 메워 줍니다.

4 성산일출봉의 산줄기는 DMC 25번사 987, 2올로 아웃라인 스티치를 수놓습니다.

5 성산일출봉은 DMC 25번사 987, 2올로 롱 앤드 쇼트 스티치를 수놓아 메워 줍니다.

6 말의 몸통과 다리는 DMC 25번사 435, 2올로 새틴 스티치를 수놓아 메워 줍니다.

7 말의 귀는 DMC 25번사 435, 2올로 스트레이트 스티치를 수놓습니다.

8 말의 주둥이와 말발굽은 DMC 25번사 422, 2올로 새틴 스티치를 수놓아 메워 줍니다.

9 말의 눈은 DMC 25번사 433, 2올로 프렌치 노트 스티치 1번 감기하여 수놓습니다.

10 말의 갈기와 꼬리는 DMC 25번사 433, 2올로 스트레이트 스티치를 수놓습니다.

11 유채꽃 줄기는 DMC 25번사 989, 1올로 스트레이트 스티치를 수놓습니다.

12 유채꽃은 DMC 25번사 725, 2올로 프렌치 노트 스티치 2번 감기하여 수놓습니다.

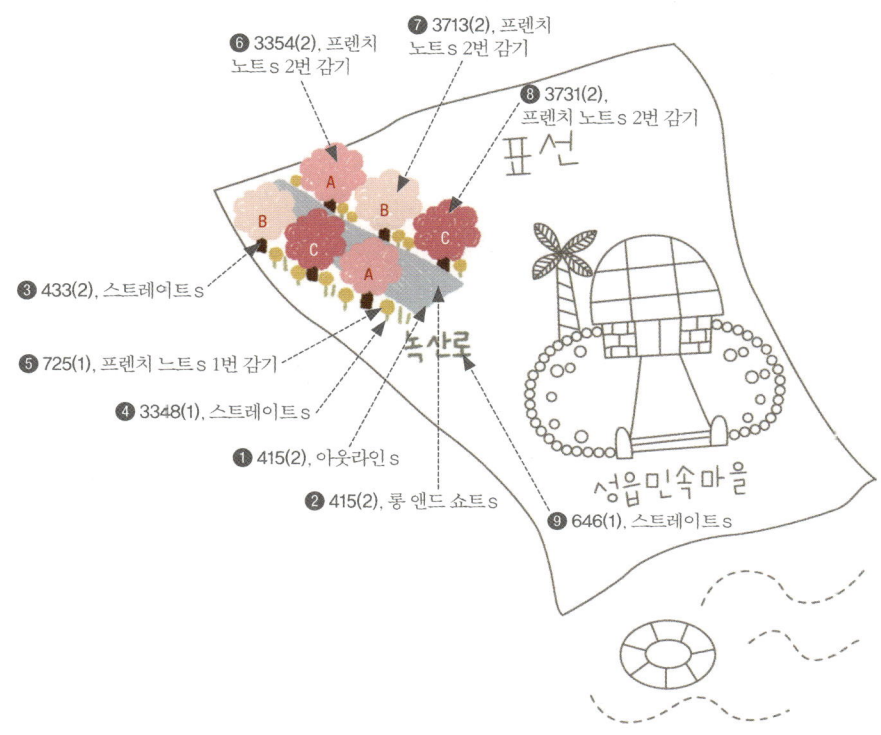

❻ 3354(2), 프렌치
노트ｓ 2번 감기

❼ 3713(2), 프렌치
노트ｓ 2번 감기

❽ 3731(2),
프렌치 노트ｓ 2번 감기

표선

❸ 433(2), 스트레이트ｓ

❺ 725(1), 프렌치 느트ｓ 1번 감기

❹ 3348(1), 스트레이트ｓ

❶ 415(2), 아웃라인ｓ

❷ 415(2), 롱 앤드 쇼트ｓ

녹산로

성읍민속마을

❾ 646(1), 스트레이트ｓ

표선

1 도로의 테두리는 DMC 25컨사 415, 2올로 아웃라인 스티치를 수놓습니다.

2 도로는 DMC 25번사 415, 2올로 롱 앤드 쇼트 스티치를 수놓아 메워 줍니다.

3 나무 몸통은 DMC 25번사 433, 2올로 스트레이트 스티치를 세로 방향으로 2줄 수놓습니다.

4 유채꽃 줄기는 DMC 25번사 3348, 1올로 스트레이트 스티치를 수놓습니다.

5 유채꽃은 DMC 25번사 725, 1올로 프렌치 노트 스티치 1번 감기하여 수놓습니다.

6 A 벚꽃은 DMC 25번사 3354, 2올토 프렌치 노트 스티치 2번 감기하여 수놓아 메워 줍니다.

7 B 벚꽃은 DMC 25번사 3713, 2올토 프렌치 노트 스티치 2번 감기하여 수놓아 메워 줍니다.

8 C 벚꽃은 DMC 25번사 3731, 2올토 프렌치 노트 스티치 2번 감기하여 수놓아 메워 줍니다.

9 녹산로(글자)는 DMC 25번사 646, 1올로 스트레이트 스티치를 수놓습니다.

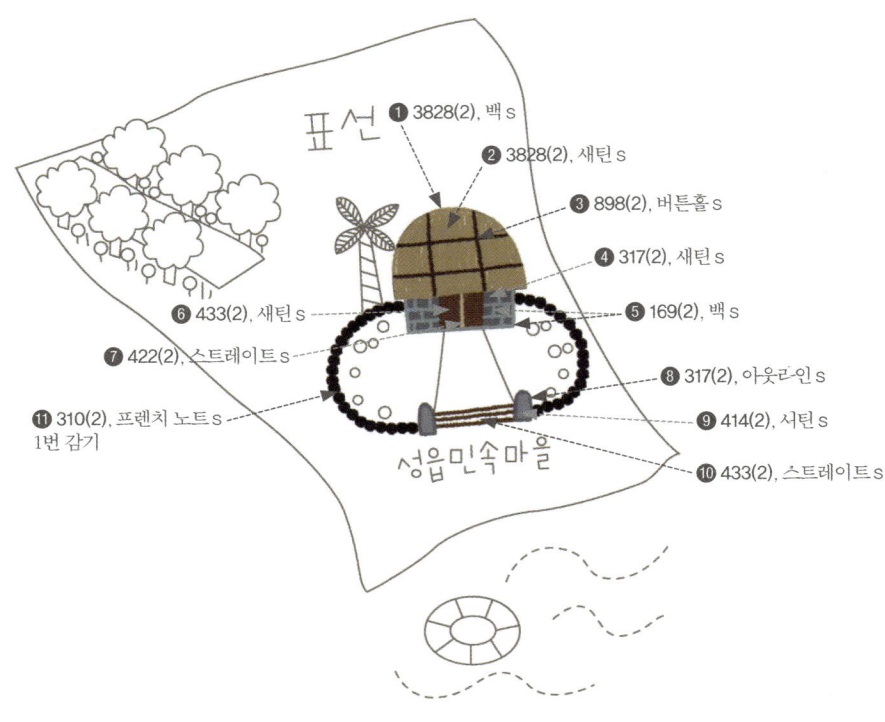

표선

❶ 3828(2), 백 s
❷ 3828(2), 새틴 s
❸ 898(2), 버튼홀 s
❹ 317(2), 새틴 s
❺ 169(2), 백 s
❻ 433(2), 새틴 s
❼ 422(2), 스트레이트 s
❽ 317(2), 아웃라인 s
⓫ 310(2), 프렌치 노트 s 1번 감기
❾ 414(2), 서틴 s
❿ 433(2), 스트레이트 s

성읍민속마을

표선

1 초가지붕의 테두리는 DMC 25번사 3828, 2올로 백 스 티치를 수놓습니다.

2 초가지붕은 DMC 25번사 3828, 2올로 테두리를 감싸 며 새틴 스티치를 세로 방향으로 수놓아 메워 줍니다.

3 초가지붕의 이음새는 DMC 25번사 898, 2올로 버튼 홀 스티치를 수놓습니다.

4 초가집의 벽은 DMC 25번사 317, 2올로 새틴 스티치 를 수놓아 메워 줍니다.

5 벽의 테두리와 무늬는 DMC 25번사 169, 2올로 백 스 티치를 수놓습니다.

6 문은 DMC 25번사 433, 2올로 새틴 스티치를 세로 방 향으로 수놓아 메워 줍니다.

7 문의 경계선은 DMC 25번사 422, 2올로 스트레이트 스티치를 수놓습니다.

8 정주석의 테두리는 DMC 25번사 317, 2올로 아웃라 인 스티치를 수놓습니다.

9 정주석은 DMC 25번사 414, 2올로 새틴 스티치를 수 놓아 메워 줍니다.

10 정낭은 DMC 25번사 433, 2올로 스트레이트 스티치 를 3줄 수놓습니다.

11 담장은 DMC 25번사 310, 2올로 프렌치 노트 스티치 1번 감기하여 수놓습니다.

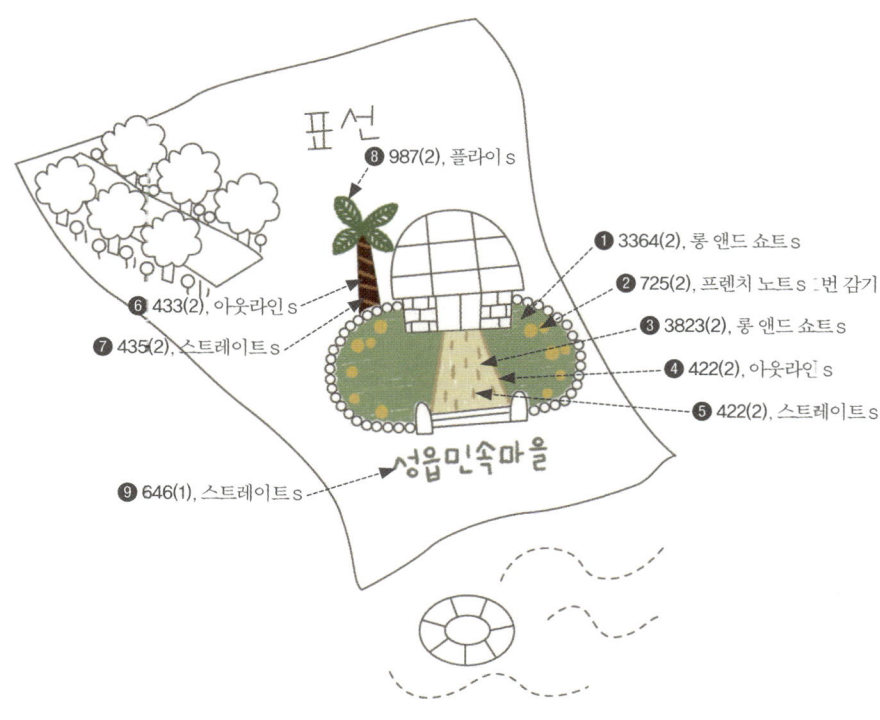

표선

① 3364(2), 롱 앤드 쇼트 s
② 725(2), 프렌치 노트 s 1번 감기
③ 3823(2), 롱 앤드 쇼트 s
④ 422(2), 아웃라인 s
⑤ 422(2), 스트레이트 s
⑥ 433(2), 아웃라인 s
⑦ 435(2), 스트레이트 s
⑧ 987(2), 플라이 s
⑨ 646(1), 스트레이트 s

성읍민속마을

표선

1 잔디는 DMC 25번사 3364 2올로 롱 앤드 쇼트 스티치를 수놓아 메워 줍니다.

2 꽃은 DMC 25번사 725, 2올로 프렌치 노트 스티치 1번 감기하여 수놓습니다.

3 가운데 길은 DMC 25번사 3823, 2올로 롱 앤드 쇼트 스티치를 수놓습니다.

4 가운데 길의 테두리는 DMC 25번사 422, 2올로 아웃라인 스티치를 수놓습니다.

5 길의 중간중간에는 DMC 25번사 422, 2올로 스트레이트 스티치를 세로 방향으로 수놓습니다.

6 야자수 몸통은 DMC 25번사 433, 2올로 아웃라인 스티치를 수놓아 메워 줍니다.

7 야자수의 빗금무늬는 DMC 25번사 435, 2올로 스트레이트 스티치를 사선 방향으로 수놓습니다.

8 야자수 잎은 DMC 25번사 987, 2올로 플라이 스티치를 수놓습니다.

9 성읍민속마을(글자)은 DMC 25번사 646, 1올로 스트레이트 스티치를 수놓습니다.

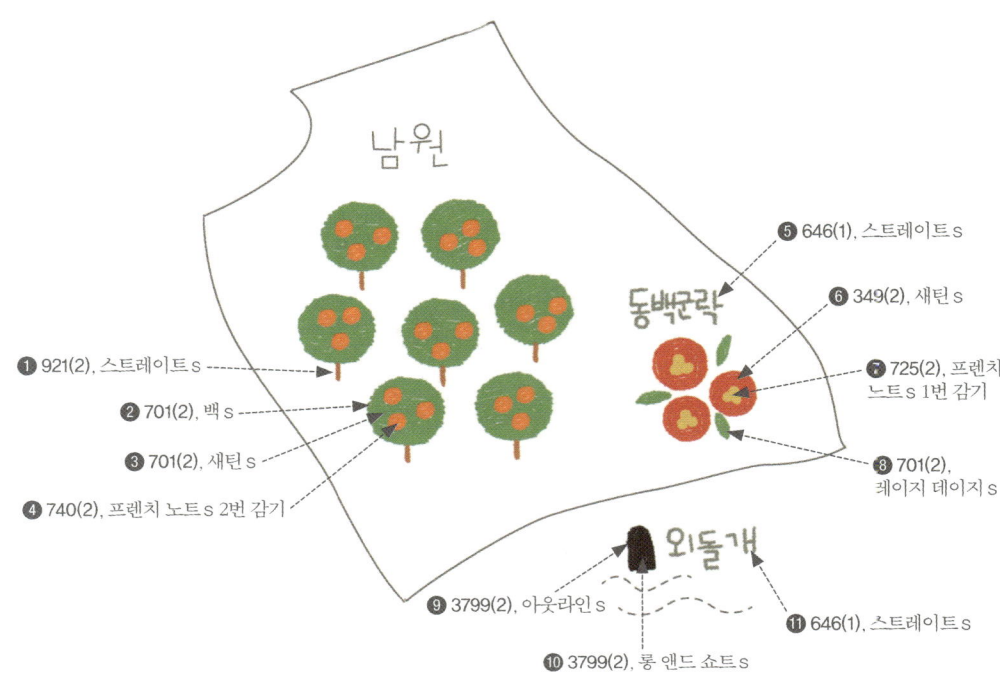

남원

1 귤나무 몸통은 DMC 25번사 921, 2올로 스트레이트
스티치를 세로 방향으로 2줄 수놓습니다.

2 나뭇잎의 테두리는 DMC 25번사 701, 2올로 백 스티
치를 수놓습니다.

3 나뭇잎은 DMC 25번사 701, 2올로 테두리를 감싸며
새틴 스티치를 수놓아 메워 줍니다.

4 귤은 DMC 25번사 740, 2올로 프렌치 노트 스티치 2
번 감기하여 수놓습니다.

5 동백군락(글자)은 DMC 25번사 646, 1올로 스트레이
트 스티치를 수놓습니다.

6 동백꽃의 꽃잎은 DMC 25번사 349, 2올로 새틴 스티
치를 수놓아 메워 줍니다.

7 수술은 DMC 25번사 725, 2올로 프렌치 노트 스티치
1번 감기하여 3개씩 수놓습니다.

8 잎은 DMC 25번사 701, 2올로 레이지 데이지 스티치
를 수놓습니다.

9 바위섬의 테두리는 DMC 25번사 3799, 2올로 아웃라
인 스티치를 수놓습니다.

10 바위섬은 DMC 25번사 3799, 2올로 롱 앤드 쇼트 스
티치를 수놓아 메워 줍니다.

11 외돌개(글자)는 DMC 25번사 646, 1올로 스트레이트
스티치를 수놓습니다.

❷ 3845(2), 새틴 s

❹ 910(2), 롱 앤드 쇼트 s

❶ 422(2), 체인 s

❸ 910(2), 아웃라인 s

❺ 935(2), 백 s

❽ 3347(2), 새틴 s

❻ 935(2), 새틴 s

❼ 3347(2), 백 s

❿ 989(2), 새틴 s

⓬ 3364(2), 새틴 s

❾ 989(2), 백 s

⓫ 3364(2), 백 s

⓭ 646(1), 스트레이트 s

한라산

서귀포

천지연

새섬

한라산&서귀포

1 한라산의 산등선은 DMC 25번사 422, 2올로 체인 스티치를 수놓습니다.

2 백록담은 DMC 25번사 3845, 2올로 새틴 스티치를 수놓아 메워 줍니다.

3 한라산의 산줄기는 DMC 25번사 910, 2올로 아웃라인 스티치를 수놓습니다.

4 한라산은 DMC 25번사 910, 2올로 롱 앤드 쇼트 스티치를 수놓아 메워 줍니다.

5 A 오름의 테두리는 DMC 25번사 935, 2올로 백 스티치를 수놓습니다.

6 A 오름은 DMC 25번사 935, 2올로 테두리를 감싸며 새틴 스티치를 수놓아 메워 줍니다.

7 B 오름의 테두리는 DMC 25번사 3347, 2올로 백 스티치를 수놓습니다.

8 B 오름은 DMC 25번사 3347, 2올토 테두리를 감싸며 새틴 스티치를 수놓아 메워 줍니다.

9 C 오름의 테두리는 DMC 25번사 989, 2올로 백 스티치를 수놓습니다.

10 C 오름은 DMC 25번사 989, 2올로 테두리를 감싸며 새틴 스티치를 수놓아 메워 줍니다.

11 D 오름의 테두리는 DMC 25번사 3364, 2올로 백 스티치를 수놓습니다.

12 D 오름은 DMC 25번사 3364, 2올로 테두리를 감싸며 새틴 스티치를 수놓아 메워 줍니다.

13 한라산은 DMC 25번사 646, 1올로 스트레이트 스티치를 수놓습니다.

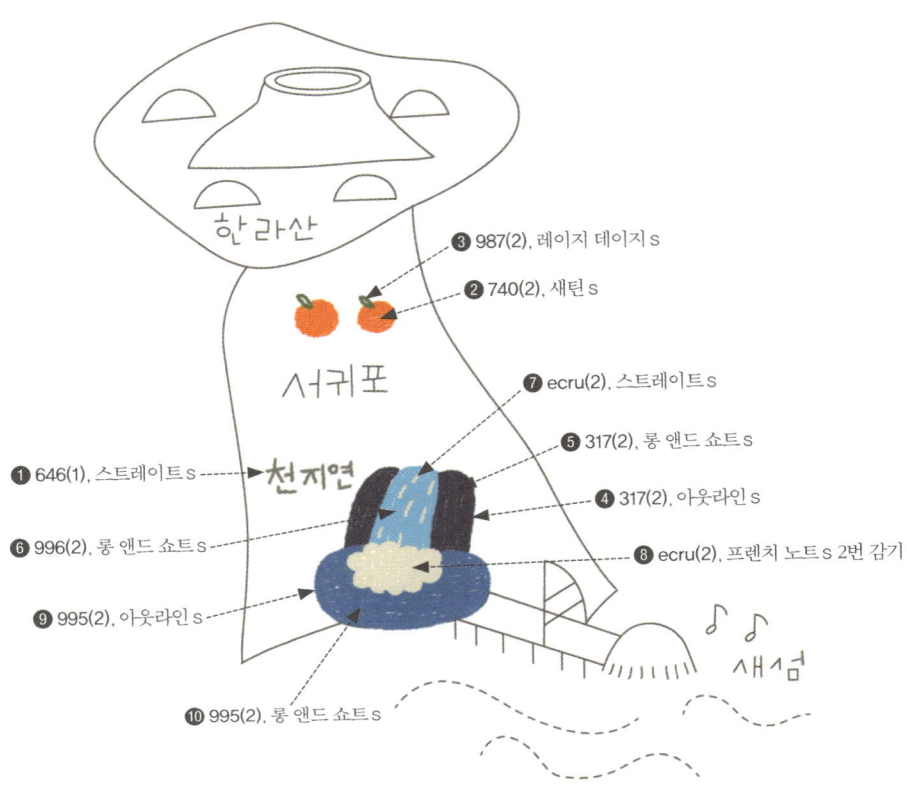

3 987(2), 레이지 데이지 s

2 740(2), 새틴 s

7 ecru(2), 스트레이트 s

5 317(2), 롱 앤드 쇼트 s

1 646(1), 스트레이트 s

4 317(2), 아웃라인 s

6 996(2), 롱 앤드 쇼트 s

8 ecru(2), 프렌치 노트 s 2번 감기

9 995(2), 아웃라인 s

10 995(2), 롱 앤드 쇼트 s

한라산&서귀포

1 천지연(글자)은 DMC 25번사 646, 1올로 스트레이트 스티치를 수놓습니다.

2 귤은 DMC 25번사 740, 2올로 새틴 스티치를 수놓아 메워 줍니다.

3 귤잎은 DMC 25번사 987, 2올로 레이지 데이지 스티치를 수놓습니다.

4 절벽의 테두리는 DMC 25번사 317, 2올로 아웃라인 스티치를 수놓습니다.

5 절벽은 DMC 25번사 317, 2올로 롱 앤드 쇼트 스티치를 수놓아 메워 줍니다.

6 폭포수는 DMC 25번사 996, 2올로 롱 앤드 쇼트 스티치를 수놓아 메워 줍니다.

7 폭포수의 물살은 DMC 25번사 ecru, 2올로 스트레이트 스티치를 수놓습니다.

8 물보라는 DMC 25번사 ecru, 2올로 프렌치 노트 스티치 2번 감기하여 수놓아 메워 줍니다.

9 용소의 테두리는 DMC 25번사 995, 2올로 아웃라인 스티치를 수놓습니다.

10 용소는 DMC 25번사 995, 2올로 롱 앤드 쇼트 스티치를 수놓아 메워 줍니다.

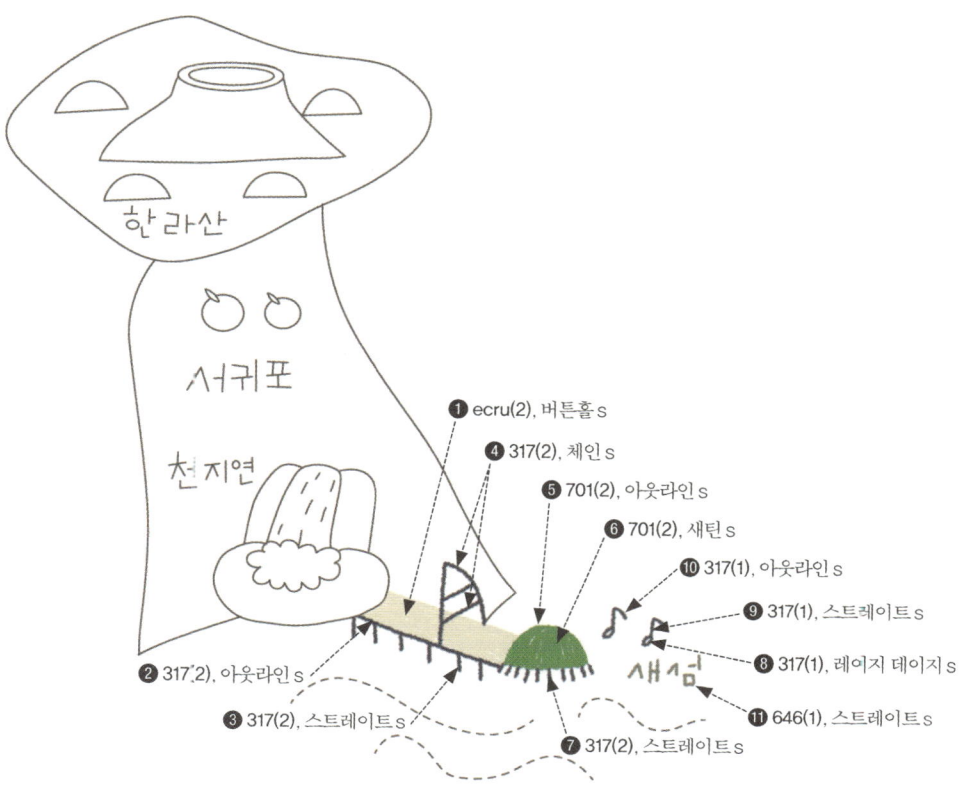

① ecru(2), 버튼홀 s

④ 317(2), 체인 s

⑤ 701(2), 아웃라인 s

⑥ 701(2), 새틴 s

⑩ 317(1), 아웃라인 s

⑨ 317(1), 스트레이트 s

⑧ 317(1), 레이지 데이지 s

⑪ 646(1), 스트레이트 s

② 317(2), 아웃라인 s

③ 317(2), 스트레이트 s

⑦ 317(2), 스트레이트 s

한라산&서귀포

1 새연교는 DMC 25번사 ecru, 2올로 버튼홀 스티치를 수놓아 메워 줍니다.

2 새연교의 테두리는 DMC 25번사 317, 2올로 아웃라인 스티치를 수놓습니다.

3 새연교를 받치고 있는 기둥은 DMC 25번사 317, 2올로 스트레이트 스티치를 수놓습니다.

4 새연교의 탑은 DMC 25번사 317, 2올로 체인 스티치를 수놓습니다.

5 새섬의 테두리는 DMC 25번사 701, 2올로 아웃라인 스티치를 수놓습니다.

6 새섬은 DMC 25번사 701, 2올로 새틴 스티치를 수놓아 메워 줍니다.

7 새섬의 아랫부분은 DMC 25번사 317, 2올로 스트레이트 스티치를 수놓습니다.

8 음표의 머리는 DMC 25번사 317, 1올로 레이지 데이지 스티치를 수놓습니다.

9 음표의 기둥은 DMC 25번사 317, 1올로 아웃라인 스티치를 수놓습니다.

10 음표의 꼬리는 DMC 25번사 317, 1올로 아웃라인 스티치를 수놓습니다.

11 새섬(글자)은 DMC 25번사 646, 1올로 스트레이트 스티치를 수놓습니다.

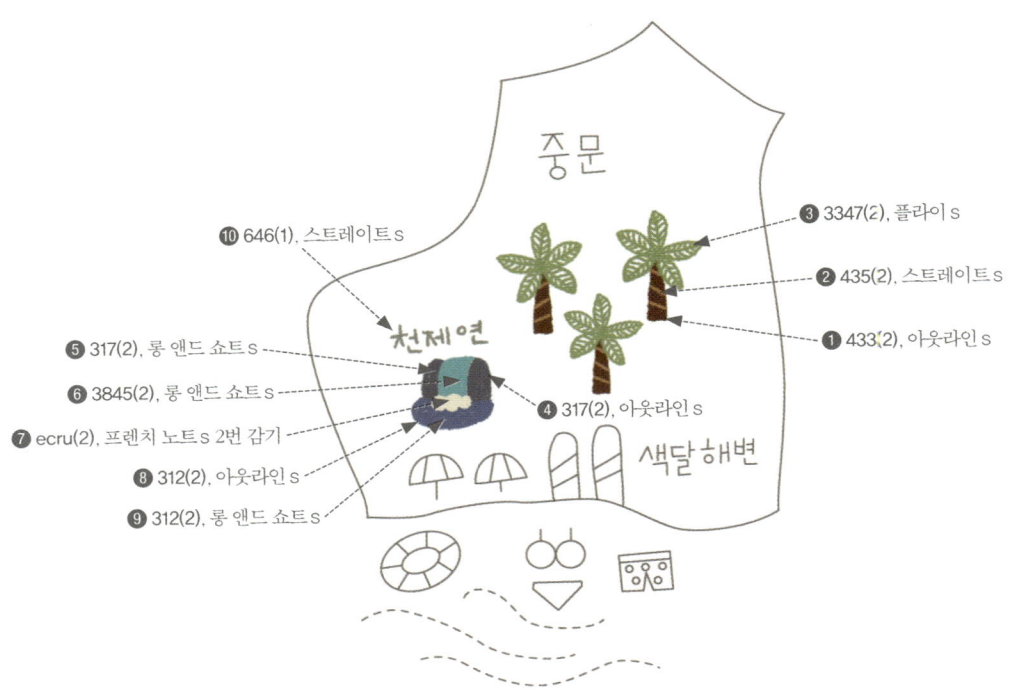

⑩ 646(1), 스트레이트 s

❸ 3347(2), 플라이 s

❷ 435(2), 스트레이트 s

❶ 433(2), 아웃라인 s

중문

천제연

색달해변

❺ 317(2), 롱 앤드 쇼트 s

❻ 3845(2), 롱 앤드 쇼트 s

❼ ecru(2), 프렌치 노트 s 2번 감기

❽ 312(2), 아웃라인 s

❾ 312(2), 롱 앤드 쇼트 s

❹ 317(2), 아웃라인 s

중문

1 야자수 몸통은 DMC 25번사 433, 2올로 아웃라인 스
   티치를 세로 방향으로 3줄 수놓습니다.
2 야자수의 빗금무늬는 DMC 25번사 435, 2올로 스트
   레이트 스티치를 사선 방향으로 수놓습니다.
3 야자수 잎은 DMC 25번사 3347, 2올로 플라이 스티치
   를 수놓습니다.
4 절벽의 테두리는 DMC 25번사 317, 2올로 아웃라인
   스티치를 수놓습니다.
5 절벽은 DMC 25번사 317, 2올로 롱 앤드 쇼트 스티치
   를 수놓아 메워 줍니다.

6 폭포수는 DMC 25번사 3845, 2올로 롱 앤드 쇼트 스
   티치를 수놓아 메워 줍니다.
7 물보라는 DMC 25번사 ecru, 2올로 프렌치 노트 스티
   치 2번 감기하여 수놓아 메워 줍니다.
8 용소의 테두리는 DMC 25번사 312, 2올로 아웃라인
   스티치를 수놓습니다.
9 용소는 DMC 25번사 312, 2올로 롱 앤드 쇼트 스티치
   를 수놓아 메워 줍니다.
10 천제연(글자)은 DMC 25번사 646, 1올로 스트레이트
   스티치를 수놓습니다.

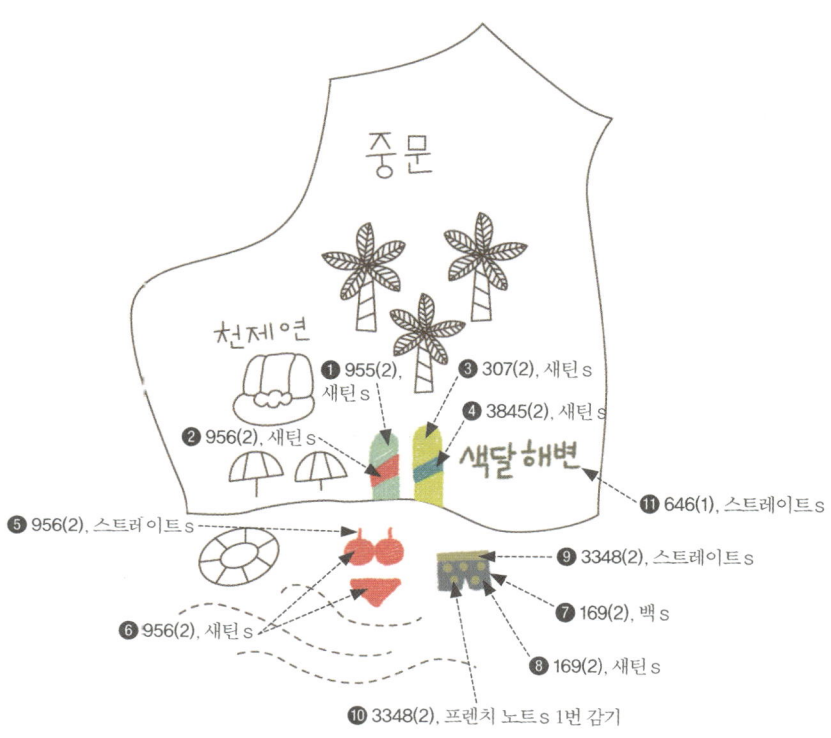

중문

1 연두색 서핑 보드는 DMC 25번사 955, 2올로 새틴 스티치를 수놓아 메워 줍니다.

2 연두색 서핑 보드의 무늬는 DMC 25번사 956, 2올로 새틴 스티치를 수놓아 메워 줍니다.

3 노란색 서핑 보드는 DMC 25번사 307, 2올로 새틴 스티치를 수놓아 메워 줍니다.

4 노란색 서핑 보드의 무늬는 DMC 25번사 3845, 2올로 새틴 스티치를 수놓아 메워 줍니다.

5 비키니 상의의 끈은 DMC 25번사 956, 2올로 스트레이트 스티치를 수놓습니다.

6 비키니 상의와 하의는 DMC 25번사 956, 2올로 새틴 스티치를 수놓아 메워 줍니다.

7 남자 수영복의 테두리는 DMC 25번사 169, 2올로 백 스티치를 수놓습니다. 이때 수영복의 고무줄 부분은 수놓지 않습니다.

8 남자 수영복은 DMC 25번사 169, 2올로 새틴 스티치를 수놓습니다.

9 남자 수영복의 고무줄 부분은 DMC 25번사 3348, 2올로 스트레이트 스티치를 가로 방향으로 2줄 수놓습니다.

10 남자 수영복의 무늬는 DMC 25번사 3348, 2올로 프렌치 노트 스티치 1번 감기하여 수놓습니다.

11 색달해변(글자)은 DMC 25번사 646, 1올로 스트레이트 스티치를 수놓습니다.

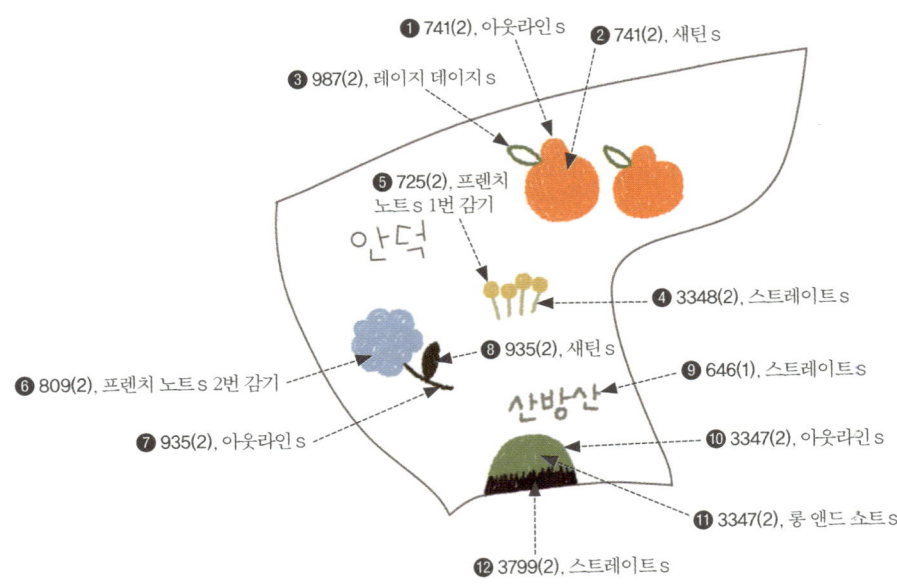

❶ 741(2), 아웃라인 s　　❷ 741(2), 새틴 s
❸ 987(2), 레이지 데이지 s
❺ 725(2), 프렌치
노트 s 1번 감기
안덕
❹ 3348(2), 스트레이트 s
❽ 935(2), 새틴 s
❻ 809(2), 프렌치 노트 s 2번 감기　　❾ 646(1), 스트레이트 s
❼ 935(2), 아웃라인 s
산방산
❿ 3347(2), 아웃라인 s
⓫ 3347(2), 롱 앤드 쇼트 s
⓬ 3799(2), 스트레이트 s

안덕

1 한라봉의 테두리는 DMC 25번사 741, 2올로 아웃라인 스티치를 수놓습니다.

2 한라봉은 DMC 25번사 741, 2올로 테두리를 감싸며 새틴 스티치를 수놓아 메워 줍니다.

3 한라봉의 잎은 DMC 25번사 987, 2올로 레이지 데이지 스티치를 수놓습니다.

4 유채꽃 줄기는 DMC 25번사 3348, 2올로 스트레이트 스티치를 수놓습니다.

5 유채꽃은 DMC 25번사 725, 2올로 프렌치 노트 스티치 1번 감기하여 수놓습니다.

6 수국은 DMC 25번사 809, 2올로 프렌치 노트 스티치 2번 감기하여 수놓아 메워 줍니다.

7 수국의 줄기는 DMC 25번사 935, 2올로 아웃라인 스티치를 수놓습니다.

8 수국의 잎은 DMC 25번사 935, 2올로 새틴 스티치를 수놓아 메워 줍니다.

9 산방산은 DMC 25번사 646, 1올로 스트레이트 스티치를 수놓습니다.

10 산방산의 테두리는 DMC 25번사 3347, 2올로 아웃라인 스티치를 수놓습니다.

11 산방산은 DMC 25번사 3347, 2올로 롱 앤드 쇼트 스티치를 수놓아 메워 줍니다.

12 산방산의 아랫부분은 DMC 25번사 3799, 2올로 스트레이트 스티치를 세로 방향으로 수놓습니다.

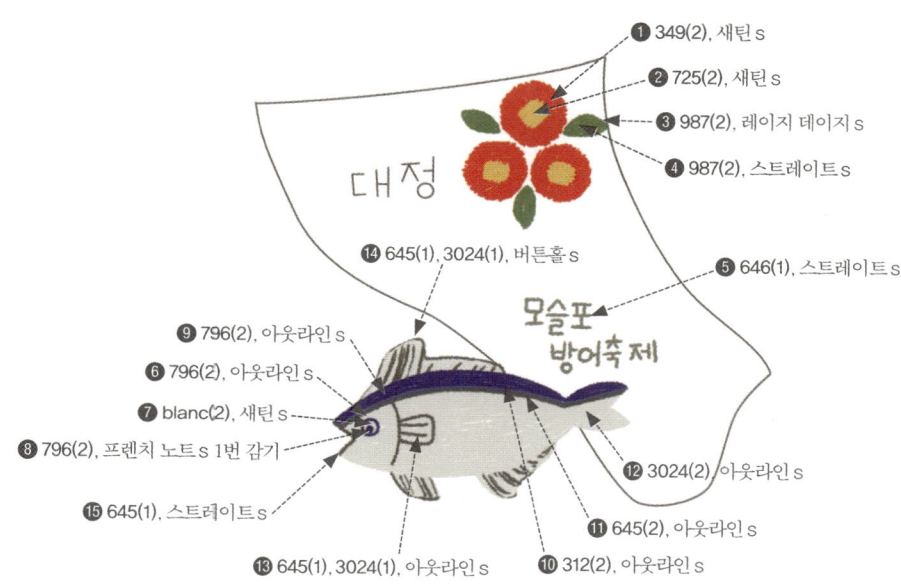

❶ 349(2), 새틴 s

❷ 725(2), 새틴 s

❸ 987(2), 레이지 데이지 s

❹ 987(2), 스트레이트 s

❺ 646(1), 스트레이트 s

❶⓸ 645(1), 3024(1), 버튼홀 s

대정

모슬포
방어축제

❾ 796(2), 아웃라인 s

❻ 796(2), 아웃라인 s

❼ blanc(2), 새틴 s

❽ 796(2), 프렌치 노트 s 1번 감기

❶⓹ 645(1), 스트레이트 s

❶⓷ 645(1), 3024(1), 아웃라인 s

❶⓵ 645(2), 아웃라인 s

❶⓪ 312(2), 아웃라인 s

❶⓶ 3024(2), 아웃라인 s

※ 도안에 있는 배, 가파도, 마라도는 지면 관계상 실지 않았습니다.

대정

1 동백꽃의 꽃잎은 DMC 25번사 349, 2올로 새틴 스티치를 수놓아 메워 줍니다.

2 수술은 DMC 25번사 725, 2올로 꽃잎을 수놓은 스티치의 반대 방향으로 새틴 스티치를 수놓아 메워 줍니다.

3 잎의 테두리는 DMC 25번사 987, 2올로 레이지 데이지 스티치를 수놓습니다.

4 잎은 DMC 25번사 987, 2올로 스트레이트 스티치를 수놓아 메워 줍니다.

5 모슬포방어축제(글자)는 DMC 25번사 646, 1올로 스트레이트 스티치를 수놓습니다.

6 방어 눈의 테두리는 DMC 25번사 796, 2올로 아웃라인 스티치를 수놓습니다.

7 눈의 흰자는 DMC 25번사 blanc, 2올로 새틴 스티치를 수놓아 메워 줍니다.

8 눈알은 DMC 25번사 796, 2올로 프렌치 노트 스티치 1번 감기하여 수놓습니다.

9 방어 등 부분은 DMC 25번사 796, 2올로 아웃라인 스티치를 3줄 수놓습니다.

10 방어 등의 경계선은 DMC 25번사 312, 2올로 아웃라인 스티치를 1줄 수놓습니다.

11 방어 몸통 부분의 경계선은 DMC 25번사 645, 2올로 아웃라인 스티치를 1줄 수놓습니다.

12 방어 몸통은 DMC 25번사 3024, 2올로 아웃라인 스티치를 수놓아 메워 줍니다.

13 아가미는 DMC 25번사 645, 3024를 각각 1올씩 한꺼번에 바늘귀에 꿰고 아웃라인 스티치를 수놓습니다.

14 지느러미는 DMC 25번사 645, 1올과 3024, 1올로 버튼홀 스티치를 수놓습니다.

15 방어의 입은 DMC 25번사 645, 1올로 스트레이트 스티치를 수놓습니다.